Nathalie Serban

Mit grünen Informationssystemen ineffektive Datentransfers vermeiden

Ein Ansatz zur Nachhaltigkeit in Unternehmen

Bibliografische Information der Deutschen Nationalbibliothek:

Die Deutsche Nationalbibliothek verzeichnet diese Publikation in der Deutschen Nationalbibliografie; detaillierte bibliografische Daten sind im Internet über http://dnb.d-nb.de abrufbar.

Impressum:

Copyright © Studylab 2019

Ein Imprint der GRIN Publishing GmbH, München

Druck und Bindung: Books on Demand GmbH, Norderstedt, Germany

Coverbild: GRIN Publishing GmbH | Freepik.com | Flaticon.com | ei8htz

Meiner Familie

Abstract

Der Einsatz von Informations- und Kommunikationstechnologien zur Unterstützung des Wissensmanagements soll zu einem effektiveren Umgang mit dem organisatorischen Wissen beitragen und damit dessen Aufbau forcieren. Durch die technologischen Möglichkeiten wird es zunehmend einfacher, Daten und Informationen in großen Mengen unternehmensweit zu verteilen und zu speichern. Viele Datentransfers entpuppen sich jedoch als ineffektiv, da veralteter oder anderweitig irrelevanter Inhalt verteilt und gespeichert wird. Das zunehmende Informationsaufkommen verstärkt dadurch die Herausforderung relevante Informationen zu selektieren. Da sich Informationen nur in einem bestimmten Kontext zu wertvollem Wissen entwickeln können, fühlen sich Mitarbeiter in der komplexen und schnelllebigen Unternehmenskommunikation oftmals unzureichend informiert. Durch die unterschiedlichen individuellen kognitiven Muster, wird die Relevanz einer Information stets personenspezifisch bewertet. Einem effektiven Wissensmanagementsystem kommt demnach die Aufgabe zu, durch technische Strukturen die Informationen benutzerzentriert bereitzustellen und damit einer „Informationsüberflutung" vorzubeugen. Das Ziel dieser Arbeit besteht darin, einen Vorschlag zur Vermeidung der ineffektiven Datentransfers durch eine Erweiterung gängiger Informations- und Kommunikationstechnologien im Einsatz von Wissensmanagement hin zu einem benutzerzentrierten Wissensmanagementsystem, aufzuzeigen.

Der Vorschlag wird unter einem besonderen Blickwinkel erarbeitet. Das vermehrte Datenaufkommen durch die digitalen Kommunikationsmittel führt folgerichtig zu einem erhöhten Datenvolumen, welches beim Transfer und bei der Speicherung Ressourcen in Form von Energie benötigt. Diese Arbeit eruiert die ökologischen Auswirkungen der Datentransfers innerhalb des Wissensmanagements und erörtert Potentiale zur Energieeinsparung innerhalb eines benutzerzentrierten Wissensmanagementsystems.

Dazu werden ineffektive Datentransfers innerhalb des Wissensmanagement-Prozesses eingeordnet, sowie eine Referenzarchitektur gängiger Wissensmanagementsysteme zur Erweiterung im bestimmten Kontext von „Green Informationsystems" herangezogen. Ineffektive Datentransfers sind den Wissensmanagementbausteinen Wissensverteilung und Wissensbewahrung zuzuordnen. Die ökologischen Auswirkungen der Datentransfers werden in diesen Bausteinen dargestellt, um daraufhin Vorschläge zur Vermeidung dessen aufzuzeigen. Die ökologischen Einsparungen durch die Vermeidung der ineffektiven Datentransfers werden anhand des verminderten Datenvolumens festgemacht, wodurch eine Konsolidierung von energieverbrauchenden Speicher-Server erfolgen kann.

Das Potential der Wirtschaftsinformatik wird durch die interdisziplinäre Ausrichtung zur Gestaltung eines Informationssystems für nachhaltigere Prozesse genutzt. Die Intention dieser Arbeit ist es damit einen positiven Beitrag zum Themenfeld „Green IS" zu leisten

Inhaltsverzeichnis

Abkürzungsverzeichnis

CMS	Content Management System
FüGr	Führungsgröße
GKMS	Green Knowledge Management System
Green IS	Green Information System
Green IT	Green Information Technology
IKT	Informations- und Kommunikationstechnik
IM	Informationsmanagement
InfOb	Informationsobjekt
IS	Informationssystem
IT	Information Technology / Informationstechnologie
IuK	Informations- und Kommunikationssystem
KEF	Kritischer Erfolgsfaktor
KM	Knowledge Management
Mt	Millionen Tonnen
WM	Wissensmanagement
WMS	Wissensmanagementsystem

Abbildungsverzeichnis

1 Einleitung

1.1 Ausgangssituation und Problemstellung

In vielen Ländern stellt Wissen heute die Ressource dar, die zu mindestens sechzig Prozent für die Gesamtwertschöpfung eines Unternehmens verantwortlich ist[1]. Vor diesen Hintergrund ist in der modernen Gesellschaft die Tendenz erkennbar, diese zur Wissensgesellschaft zu erklären. Zur Sicherung und zum Ausbau von Wettbewerbsvorteilen wird es für die Unternehmen immer wichtiger, die Daten, Informationen und das Wissen im Unternehmen zu organisieren und zu lenken sowie als strategische Ressource zu nutzen. Um das unternehmerische Wissen effizient zu verwerten und weiterentwickeln zu können, bedarf es eines umfassenden Managements, das die individuellen Kompetenz- und Persönlichkeitsprofile der Mitarbeiter, aber auch die Geschäftsprozesse, die Unternehmenskultur sowie den Einsatz von Informations- und Kommunikationstechnologien berücksichtigt.[2]

Damit der Aufbau organisationalen Wissens erfolgen kann, und die Unternehmen im Rahmen der Wissensgesellschaft wettbewerbsfähig bleiben, ist zur Erstellung innovativer Produkte und Dienstleistungen häufig unmittelbar das Wissen mehrerer Mitarbeiter gefordert. Um zu einem gemeinsamen Ergebnis zu kommen, ist der Austausch des auf die Erstellung gerichteten Wissens der Mitarbeiter notwendig. In kleinen, ortsnahen Gruppen, findet diese elementare Tätigkeit des Wissensmanagement, der Wissensaustausch, im persönlichen Kontakt durch direkte Kommunikation und durch Arbeit an gemeinsamen Objekten wie Dokumenten oder Zeichnungen statt.[3] In großen, global ausgerichteten Organisationen ist die hierfür notwendige örtliche und zeitliche Nähe jedoch häufig nicht gegeben. Hier kommen traditionelle technische Hilfsmittel wie Telefon und Fax, aber auch zunehmend Informations- und Kommunikationssysteme, wie beispielsweise Groupware-Plattformen[4] zur Überbrückung von räumlichen und zeitlichen Distanzen beim Wissensaustausch zum Einsatz.[5] Der Einsatz von Informationssystemen scheint so neue

---

[1] Vgl. Ilgen, A. (2013), S. 1

[2] Dieser ganzheitliche, integrative Wissensmanagementansatz wird in Kapitel 0 beschrieben.

[3] Vgl. Riempp, G. (2012), S. 2

[4] Groupware bezeichnet dabei ein „computer-basiertes System, das eine Gruppe von Personen in ihrem Aufgabengebiet oder Ziel unterstützt und eine Schnittstelle für eine geteilte Arbeitsumgebung bietet" übersetzt nach C. A. Ellis, S. J. Gibbs, G.L. Rein (1991)

[5] Vgl. Riempp, G. (2012), S. 2

Möglichkeiten einer umfänglicheren und komfortableren Unterstützung von Wissensmanagement in einem verteilten Umfeld zu bieten, wodurch zahlreiche Daten an mehrere Personen über einen kurzen Kommunikationsweg verteilt werden können. Die Möglichkeiten führen jedoch auch zu neuen Herausforderungen. Durch das vermehrte Informationsaufkommen kommt es zu dem paradoxen Phänomen des *„Wissensmangels"*, sodass viele Menschen den Eindruck bekommen, zunehmend schlechter informiert zu sein und eher über weniger als mehr relevantes Wissen zu verfügen.[6] Das Zitat von *Naisbitt* beschreibt das Kernproblem treffend: „Wir ertrinken in Informationen und hungern nach Wissen"[7]. Informationen stellen zwar die wesentliche Voraussetzung für Entscheidungen und zweckgerichtetes Handeln dar[8], können aber erst in wertvolles Wissen transformiert werden, wenn sie gezielt im Aufgabenkontext verfügbar gemacht und eingesetzt werden.

In diesem Verständnis werden Informationssysteme in den Unternehmen häufig kontraproduktiv eingesetzt, indem sie die Flut an Informationen nicht bekämpft, sondern entscheidend forcieren. Riempp stellte bei den von ihm untersuchten Unternehmen fest, dass die Sichtung des Informationsaufkommens bei den befragten Mitarbeiter erhebliche Zeiträume beanspruchen, sie diese Informationen aber nur etwa zur Hälfte als relevant einschätzen.[9] Andererseits ist mit der verbleibenden Hälfte der relevanten Informationen der Wissensbedarf der Mitarbeiter bei weitem nicht gedeckt, so dass sie fast einen ganzen Arbeitstag zusätzlich pro Woche für die Informationssuche aufwenden, um ihre Tätigkeit ausüben zu können.[10] Aus diesem Grund wird die Unterstützung des Wissensmanagements durch Informations- und Kommunikationstechnologien von vielen Mitarbeitern als unbefriedigend und offensichtlich ineffektiv empfunden.[11] Die Bemühungen zur Orientierung in der Datenflut, sowie die Suche nach kontextbezogenen Informationen haben zum einen Ausmaße auf psychologischer Ebene, da sich immer mehr Mitarbeiter überfordert fühlen.[12] Andererseits ist ein Ausmaß auf die ökonomischen Kenngrößen im Unternehmen erkennbar, welche durch die langwierige Suche in komplexen Strukturen und den damit verbundenen organisatorischen Aufwand Zeit und Kosten

---

6   Reinmann, G.; Mandl, H. (1997)

7   Naisbitt, John, Trend- und Zukunftsforscher

8   Tauber, A. (2013)

9   Vgl. Riempp, G. (2012), S. 18

10   Vgl. Riempp, G. (2012), S. 18

11   Vgl. Riempp, G. (2012), S. 47

12   Vgl. Hackmann, J. (2014)

beeinflusst. Jede Informationsverteilung, -suche und -speicherung über Informations- und Kommunikationsmittel ist jedoch auch mit Datentransfer verbunden, welcher Energie erfordert. Denn obwohl Softwareprodukte immaterielle Güter sind, wie z.B. im Rahmen der Wissensverteilung ein E-Mail Programm, kann die Nutzung erhebliche Stoff- und Energieströme auslösen.[13] So liegt beispielsweise die Co2 Bilanz einer durchschnittlich verschickten Email bei ca. vier Gramm.[14] Dadurch kann das Problem der Datenflut auch auf die ökologische Ebene übertragen werden.

Indem das transferierte Datenvolumen durch die Vermeidung einer Verteilung oder Speicherung veralteter oder anderweitig irrelevanter Daten gesenkt wird, ist schlussfolgernd auch mit einer erhöhten Nachhaltigkeit innerhalb der Informationssysteme zu rechnen. Damit diese „ineffektiven" Datentransfers vermieden werden können und lediglich für den Benutzer relevante Informationen innerhalb des Wissensmanagements bereitgestellt werden, liegt die Herausforderung in der Schaffung einer kontextbezogenen Informationsbereitstellung des Systems. Durch die Schaffung dieser technischen Strukturen soll dem Problem der Informationsflut entgegengewirkt werden, und das System im Sinne eines „Green IS" fungieren. Das bedeutet, das System soll durch eine benutzerzentrierte Ausrichtung in Konsequenz zur Förderung der ökologischen Nachhaltigkeit beitragen.

1.2 Forschungslücke und Ausrichtung dieser Arbeit

Auch wenn die Informations- und Kommunikationstechnologie derzeit nur für einen kleinen Teil der weltweiten Treibhausgasemissionen verantwortlich ist (zwei Prozent), wird in diesem Bereich ein rasantes Wachstum erwartet, weshalb dieser Bereich als CO2-Emissionsquelle zunehmend an Bedeutung gewinnt.[15] Seit geraumer Zeit haben Forschung und Praxis sich mit der Problematik des Ressourcenverbrauchs durch die Informationstechnologie (IT) auseinander gesetzt und Anstrengungen unternommen, diesen zu reduzieren. Der Forschungsschwerpunkt liegt insbesondere auf der ökologischen Anpassung bestehender Methoden und Verfahren zur Lösung von Nachhaltigkeitsproblemen in Zusammenhang mit der Informationstechnologie.[16] Unter dem Schlagwort „Green IT" wird versucht, eine möglichst

---

13 Vgl. Hilty, L.; Lohmann, W.; Dr. Siegfried Behrendt et al. (2013), S. 11
14 Vgl. Watson.ch (2015)
15 Vgl. Kiese, P. E. M. (2017), S. 5
16 Vgl. Reiter, M. (2017), S. 380

ressourcenschonende Nutzung der IT zu erzielen, wobei hier die IT selbst im Betrachtungswinkel des Umweltschutzes steht.[17]

Diese Arbeit untersucht die ökologische Kenngröße im informationstechnologischen Zusammenhang aus einem anderen Blickwinkel. Statt den Fokus auf eine ressourcenschonende IT Infrastruktur zu legen, wird die IT selbst als *„Enabler"* für erhöhte Nachhaltigkeit betrachtet. Dieser Ansatz, welcher unter dem Schlagwort „Green Information System" (Green IS) bekannt ist, geht deshalb über das Konzept von Green IT hinaus.

Watson et. al. machen dies in ihrer Aussage deutlich:

> „To the commonly used Green IT expression, we thus prefer the more encompassing Green IS one, as it incorporates a greater variety of possible initiatives to support sustainable business processes. Clearly, Green IS is inclusive of Green IT"[18]

Viele Studien aus der Praxis belegen das große Potenzial von IS, „die CO2-Strategie eines Unternehmens aktiv mit zu gestalten und alle Bereiche des Kerngeschäfts mit IT-unterstützten Innovationen zur CO2-Reduktion zu unterstützen".[19]

Melville merkt kritisch an, dass der Fortschritt in der Erforschung von nachhaltigen Informationssystemen (Green IS) jedoch bislang nicht ausgeprägt genug war und der Informationscharakter, die Möglichkeiten zur Umsetzung von Nachhaltigkeitsmaßnahmen mit Hilfe von Informationssystemen und der damit verbundene praktische Einsatz zur Verbesserung der zukünftigen ökologischen Situation mehr erforscht und adressiert werden müssen.[20]

---

[17] Vgl. Erek, K.; Löser, F.; Zarnekow, R. (2013), S. 1101

[18] Watson; Boudreau; Chen (2010), S. 24

[19] Zitiert nach Mette, P. (2012), S. 1

[20] Vgl. Melville, N. (2010), S. 15

Die Green-IS-Forschung ist bisher durch konzeptionelle Arbeiten[21], Fallstudien[22] und empirischen Studien[23] gekennzeichnet. *Seidel et al.* sind folglich der Auffassung, dass die bestehende Forschung zu Green IS diese Systeme hauptsächlich aus einer *„allgemeinen Nutzen Perspektive"* betrachtet hat.[24] Es fehlen demnach Forschungsansätze von Green IS in konkreten Anwendungsfeldern.

Ein Ansatz allgemein Green-Technologien im Kontext des konkreten Feld Wissensmanagement zu integrieren, stellt die Dissertation von *Dörnhofer* dar.[25] Dabei ist das Hauptaugenmerk auf der Untersuchung, wie ein klassisches Wissensmanagement zu einem „grünen Wissensmanagement" weiterentwickelt werden kann. Hierzu wird etwa eine Auswahl bestehender Wissensmanagementmodelle untersucht, um daraus abzuleiten wie die Wissensprozesse mit denen des Umweltmanagements und verschiedener Green Ansätze ineinandergreifen können. *Dörnhofer* unternimmt den Versuch konkrete Nachhaltigkeitsthemen in einem Wissensmanagementprozess einzubinden und bezieht sich dabei insbesondere auf die organisatorische Ebene, welche durch ihr Konzept angesprochen wird.

In dieser Arbeit liegt der Fokus im Gegensatz dazu auf der IT als Untersuchungsgegenstand zur Förderung von Nachhaltigkeit im Unternehmen. Dabei werden keine speziellen Nachhaltigkeitsthemen in der Konzeption eingebracht, das Konzept eines „grünen" Wissensmanagementsystems soll viel eher als Selbstläufer agieren, dessen Auswirkungen auf die Nachhaltigkeit erörtert werden sollen.

Ergänzend dazu soll Abbildung 1 die Ausrichtung im Gegensatz zu der bisherigen Forschung der interagierenden Elemente Wissensmanagement, Green-Technologien und Nachhaltigkeit nach *Dörnhofer* verdeutlichen.

---

21   Z.B. Watson; Boudreau; Chen (2010); Butler, T. (2011); Pernici, B.; Aiello, M.; Vom Brocke, J. et al. (2012)

22   Z.B. Seidel, S.; Recker, J. C.; Pimmer, C. et al. (2010)

23   Z.B. Wunderlich, P.; Kranz, J.; Totzek, D. et al. (2013)

24   Vom Brocke, J.; Loos, P.; Seidel, S. et al. (2013), S. 296

25   Dornhöfer, M.-J. (2017)

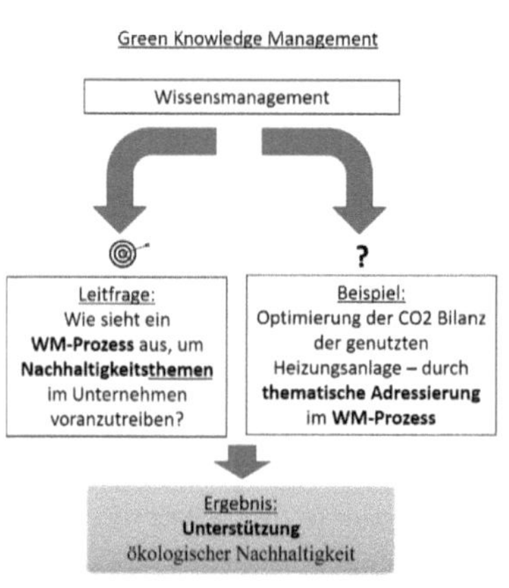
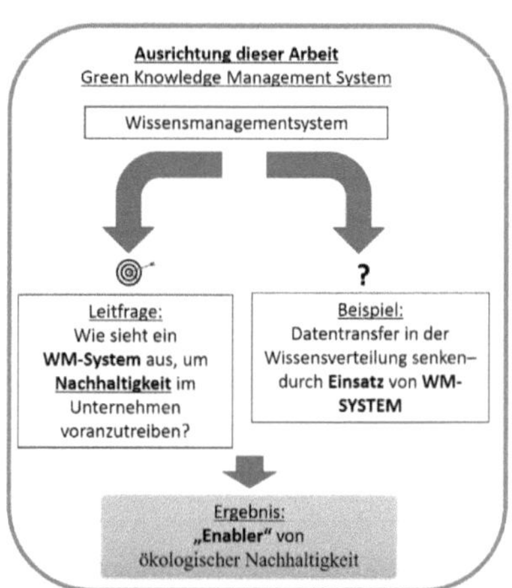

Abbildung 1: Ausrichtung der Arbeit
(Quelle: Eigene Darstellung)

Gerade für die Wirtschaftsinformatik wurde das Thema Green IS in jüngerer Vergangenheit an mehreren Stellen hervorgehoben.[26] Heute wächst die Erkenntnis, dass Informationssysteme (IS) nicht nur Mitverursacher von Emissionen sind, sondern auch einen Beitrag zur Gestaltung und Implementierung nachhaltiger Prozesse, Dienstleistungen und Produkte leisten können[27] und sich die Wirtschaftsinformatik durch ihre interdisziplinäre Ausrichtung zur Untersuchung in welchem Umfang sich existierende Ansätze von Informationssystemen für die Gestaltung von Green IS besonders eignet.[28]

Die Besonderheit der vorliegenden Forschungsausrichtung besteht in der Untersuchung wie die technische Struktur eines Informationssystems den selbst auslösenden Ressourcenverbrauch beeinflussen kann. Damit adressiert die Thematik Green IS selbst IS im Forschungsfeld. Im Gegensatz dazu untersuchte beispielsweise *Hilpert et al.* den Einsatz von Green IS in der Logistik-Branche.[29] Hierbei wurde die Entwicklung eines Green IS Artefakt zur Erfassung und Analyse von Treibhausgasemissionen im Straßengütertransport nachgegangen.

---

26 Z.B. Loos, P.; Nebel, W.; Marx Gómez, J. et al. (2011); Pernici, B.; Aiello, M.; Vom Brocke, J.; Donnellan, B. et al. (2012)

27 Melville, N. (2010)

28 Vgl. Vom Brocke, J.; Loos, P.; Seidel, S. et al. (2013)

29 Vgl. Hilpert, H.; Kranz, J.; Schumann, M. (2013)

Zusammenfassend kann resümiert werden, dass die Forschung im Bereich Green Information Systems noch eher am Anfang steht und hier „Entwicklungs- und Ausbaubedarf" besteht.[30] Die vorliegende Arbeit soll das Thema „Green IS" im konkreten Forschungsfeld „Wissensmanagement" umfassend beleuchten, um den Versuch einen Schritt zur Schließung der Lücke in der Literatur zu unternehmen.

1.3 Zielsetzung der Arbeit

Das Ziel der vorliegenden Arbeit ist es, ineffektive Datentransfers hinsichtlich ihrer ökologischen Ausmaße im Unternehmen zu identifizieren und in den Gesamtkontext eines betrieblichen Wissensmanagements einzuordnen. In der Folge gilt es ein Konzept für ein IT-gestütztes Wissensmanagement abzuleiten, welches die ineffektiven Datentransfers im Wissensmanagement adressiert und in der Konsequenz zum verminderten Ressourcenverbrauch beitragen soll.

Die zentrale Forschungsfrage lautet demnach:

> "Wie ist ein Wissensmanagement-System zu gestalten, um ineffektive Datentransfers zu vermeiden und damit eine Erhöhung von ökologischer Nachhaltigkeit zu erzielen?"

Als Ergebnis wird damit die Konzeption eines *„Green Knowledge Management Systems"*, also einer „grünen" Variante gängiger Informationssysteme im Wissensmanagement, angestrebt. Damit einhergehend stellt sich zur Präzisierung die Frage, durch welche Charakteristika sich ein „Green Knowledge Managementsystem" von einem „traditionellen" Wissensmanagementsystem unterscheidet.

Um dieses Ziel zu erreichen, versucht die vorliegende Arbeit zunächst aus der Literatur eine umfassende Aufstellung von bestehenden ineffektiven Datentransfers im Unternehmen zu identifizieren. Darauf aufbauend sollen die ökologischen Auswirkungen der jeweiligen identifizierten Punkte auf Basis aktueller Untersuchungen beispielhaft und kennzahlenbasiert dargestellt werden. Im darauffolgenden Schritt soll schließlich auf der theoretisch fundierten Grundlage ein Konzeptvorschlag für ein Wissensmanagementsystem zur Vermeidung dieser ineffektiven Datentransfers als Lösungsansatz unternommen werden.

Zur Erarbeitung dieses Konzepts und der Definition des *„Green Knowledge Management Systems"* sind im Rahmen dieser Arbeit folgende Teilschritte erforderlich:

---

[30] Vgl. Ortwerth, K.; Teuteberg, F. (2012), S. 10

1. Teilschritt: Einordnung in den organisatorischen Gesamtkontext

Als strategisches Führungskonzept wirkt das Wissensmanagement auf verschiedene organisatorische Bereiche ein. Zur Strukturierung des „Green Knowledge Management Systems" muss dieses daher in seinem organisatorischen Gesamtkontext eingeordnet werden. Dabei muss sowohl die Prozess- als auch die IT-Sicht beleuchtet und zusammengeführt werden. Dafür gilt der Versuch, die bestehende Literatur zur Thematik *Wissensmanagement* und *Green IS* aufzuarbeiten und in einen gemeinsamen Bezugsrahmen zu stellen.

2. Teilschritt: Auswahl einer Referenzarchitektur

Das Konzept eines „Green Knowledge Management Systems" soll Vorschläge für bestehende Wissensmanagementsystem-Ansätze liefern. Zur Erweiterung soll ein Bezugsrahmen auf Basis einer in der Literatur etablierten Systemarchitektur herangezogen werden. Dazu ist die Auswahl einer geeigneten Referenzarchitektur nötig, welche die Einflussebenen des Systems adäquat berücksichtigt. Insbesondere die Prozessebene und die Informationssystem-Ebene sollen durch das organisatorische Thema „Wissensmanagement" und den systemtechnischen Aspekt von Green IS eine Möglichkeit zur Erweiterung hin zu einem „grünen" Wissensmanagementsystem bieten. Das Ergebnis soll eine spezifische Ausprägung der ausgewählten Bereiche der Referenzarchitektur darstellen.

3. Teilschritt: Herleitung einer Definition von „ineffektiven Datentransfers" für diese Arbeit

Da ineffektive Datentransfer im Rahmen dieser Arbeit sowohl aus dem Blickwinkel von Wissensmanagement als auch aus einem ökologischen Blickwinkel betrachtet werden muss, ist eine geeignete Definition dieses Terminus notwendig.

4. Teilschritt: Ableitung von Anforderung an das „Green Knowledge Management System"

Damit ein „Green Knowledge Management System" zur Erweiterung eines gängigen Wissensmanagementsystem beiträgt, sind konkrete Anforderungen zu formulieren. Diese gilt es in Abhängigkeit zu den ineffektiven Datentransfers und dem ökologischen Ausmaß abzuleiten. Die Erkenntnisse daraus sollen zur Beantwortung der Frage, wie ein benutzerzentriertes Wissensmanagementsystem im Sinne eines Green IS zu einem verminderten Ressourcenverbrauch durch die Vermeidung von ineffektiven Datentransfers im Unternehmen beitragen kann, dienen.

Das in der vorliegenden Arbeit diskutierte Konzept eines Wissensmanagementsystems soll als Exempel dienen und Entscheidungsträgern erlauben, neben ökonomischen auch ökologische Entscheidungsaspekte in der Entwicklung von Informationssystemen zu berücksichtigen.

1.4 Aufbau der Arbeit

Basierend auf der aufgezeigten Zielsetzung wird nachfolgend der Aufbau der Arbeit aus ablauforientierter Sicht dargestellt. Die Herangehensweise gliedert sich in insgesamt sechs Kapitel.

Nach dem vorliegenden Kapitel „Einleitung" (*Kapitel 1*) folgt die Darstellung des theoretischen Bezugsrahmens der Arbeit. Dabei werden die Grundlagen des Wissensmanagements (*Kapitel 2*) sowie von „Green Information Systems" (*Kapitel 3*) erörtert.

Im Mittelpunkt von *Kapitel 4* steht die Analyse von ineffektiven Datentransfers in Bezug zum Wissensmanagement in Unternehmen. Dabei sollen die ineffektiven Datentransfers den ausgewählten Wissensmanagement-Bausteine zugeordnet werden.

In *Kapitel 5* wird die Konzeption des „Green Knowledge Management Systems" zur Vermeidung der in Kapitel 4 identifizierten Datentransfers erarbeitet. Dabei werden Vorschläge für eine benutzerzentrierte Bereitstellung von Informationen aufgezeigt, welche in Konsequenz den Datentransfer verringern und dadurch zur ökologischen Nachhaltigkeit beitragen sollen. Das Ende dieses Kapitels umfasst den Ergebnisteil der Konzeption sowie einen Hinweis für zukünftigen Forschungsarbeiten. Die Arbeit endet mit einer Zusammenfassung in *Kapitel 6.*

Ein konzeptioneller theoretischer Bezugsrahmen soll das Verständnis von wesentlichen Begriffen und Konzepten aus dem Bereich des Wissensmanagements sowie Green IS ermöglichen und bildet das Fundament für die anschließende Analyse. Die Themen werden unter Verwendung verschiedener theoretischer Modelle aus der gängigen Literatur aufgearbeitet.

Im Rahmen dieser Arbeit ist es notwendig, in diesem theoretischen Abschnitt den Blick auf zwei grundlegende und für die Fragestellung wesentliche Aspekte zu richten. Zum einem werden in diesem Teil die Grundlagen und Konzeptualisierung eines Wissensmanagementsystems dargestellt, zum anderen wird der Untersuchungsgegenstand im Kontext eines ökologischen Informationssystems spezifiziert.

Um Anhaltspunkte für die Konzeption eines betrieblichen Wissensmanagementsystems zur Erhöhung ökologischer Nachhaltigkeit entwickeln zu können, soll zunächst die Rolle der Ressource Wissen und ihre Charakteristika präzisiert werden. Im nächsten Abschnitt der Arbeit wird ein Überblick über die Komponenten des Wissensmanagements sowie ihre Bedeutung für betriebliche Zielfunktionen gegeben. Dem folgt eine Auseinandersetzung mit drei verschiedenen Modellen des Wissensmanagements. Dies geschieht mit Hilfe einer umfangreichen Literatur- und Webrecherche. Im darauffolgenden Abschnitt wird zum einen das Ziel verfolgt, einen Einblick in die softwaretechnischen Möglichkeiten zur Unterstützung des Wissensmanagements zu geben, zum anderen die Bedeutung der Etablierung von Wissensmanagementsystemen verdeutlicht, welche einen effektiven Umgang mit dem Wissen im Unternehmen ermöglichen und auch kontinuierlich sichern können.

Im Weiteren wird sich die Arbeit ausführlich mit der Analyse von ineffektiven Datentransfers in Organisationen unter besonderer Berücksichtigung der Auswirkung auf die ökologische Dimension befassen. Diese Auseinandersetzung ist als eine Grundlage und ein Bezugsrahmen für die weitere Analyse des Konstruktes eines Wissensmanagementsystems zur Vermeidung dieser Ineffizienten zu betrachten. Am Ende der Analyse werden die Ergebnisse unter Rückgriff auf den zuvor ausgearbeiteten theoretischen Bezugsrahmen präsentiert.

Im Folgenden soll einleitend die theoretische Grundlage zum Thema „Wissensmanagement" erschlossen werden.

2 Grundlagen des Wissensmanagements

Die Begriffsentstehung der Wissensgesellschaft ist stark von den wissenschaftlichen Diskussionen und Studien der 1960er Jahre über die wirtschaftlich relevante Rolle von Wissen beeinflusst.[31] In der Zeitwende von der Industrie- zu einer Wissensgesellschaft, hat sich der Schwerpunkt von den klassischen Produktionsfaktoren Arbeit, Boden und Kapital hin zum „neuen" vierten Produktionsfaktor „Wissen" verlagert, welchem eine wettbewerbsentscheidende Rolle zugesprochen wird.[32] Als Reaktion auf die Veränderungen in der Wirtschaft und die ökonomische Bedeutung von Wissen als intellektuelles Kapital moderner Organisationen, verweist der Begriff des Wissensmanagements auf einen veränderten Umgang mit Wissen.[33]

Dieses Kapitel soll einen Überblick über die verschiedenen Definitionsansätze der Begriffe zum Thema Wissensmanagement geben, welche in dieser Arbeit im Mittelpunkt stehen. Vor der Frage nach Motivation und Inhalt von Wissensmanagement ist zu klären, was unter „Wissen" zu verstehen ist. Zunächst wird daher das Verständnis von Wissen für diese Arbeit definiert. Nach einer begrifflichen Abgrenzung zu Daten und Informationen, welche für das tiefergehende Verständnis von Wissensmanagement eine entscheidende Rolle spielt, werden bedeutende Wissensarten umschrieben. Im Anschluss wird der Begriff „Wissensmanagement" erläutert, um dann wesentliche theoretische Modelle sowie Forschungsansätze zum Wissensmanagement darzustellen. Abgeschlossen wird das Kapitel mit der Darstellung von softwaretechnischen Lösungen zur Unterstützung des Wissensmanagements, den Wissensmanagementsystemen.

---

[31] Vgl. Müller-Prothmann, T. (2011)
[32] Vgl. Ilgen, A. (2013), S. 1
[33] Vgl. Borys, E. E. (2010), S. XII

2.1 „Wissen" - die neue Unternehmensressource

> „If I give you a dollar and you give me a dollar, then we have one dollar each. But if I give you an idea and you give me an idea, we have two ideas each. That's the growth of intellectual capital."[34]

Das Wissen der Menschheit verdoppelt sich alle fünf Jahre, wobei die Hälfte davon in etwa drei Jahren wieder veraltet, schätzen Experten.[35] Nur auf Grundlage von Wissen ist die Entstehung von Innovationen möglich und die Innovationsfähigkeit eines Unternehmens entscheidet letztlich über seine Wettbewerbsfähigkeit.[36] Dies akzentuiert, wie wichtig ein systematischer Umgang mit der „Ressource" Wissen für den Erfolg von Unternehmen geworden ist.

Das Ziel dieses Abschnitts ist es, zu erörtern was unter Wissen verstanden wird. Handelt es sich bei Wissen um das eines Einzelnen, einer Gruppe oder des gesamten Unternehmens? In welchem Kontext wird Wissen definiert und welche Formen von Wissen werden in Bezug zum Wissensmanagement differenziert? Um den Umfang bzw. die Gesamtheit des Wissens mit seinen inhärenten Besonderheiten und Eigenschaften im Vergleich zu den anderen Produktionsfaktoren zu erkennen, erscheint eine differenzierte Betrachtung erforderlich.

Obwohl sich in den letzten Jahrzehnten verschiedene Wissenschaftsdisziplinen wie die Psychologie, die Philosophie oder die Sozialwissenschaften mit dem Thema Wissen auseinander gesetzt haben, ist eine einheitlich akzeptierte Definition des Begriffs „Wissen" nicht gelungen.[37] Dies kann durch die unterschiedlichen Betrachtungsperspektiven und Erkenntnisinteressen begründet werden.

In diesem Abschnitt wird daher zunächst der Begriff „Wissen" sinnvoll eingegrenzt, um so zu der für die vorliegende Arbeit relevanten Spezifizierung des Verständnisses von „Wissen" zu gelangen. Da die Begriffe Daten, Information und Wissen häufig wenig trennscharf oder sogar äquivalent verwendet werden[38], erfolgt anschließend die notwendige Abgrenzung dieser Begriffe. Darauffolgend werden verschiedene, ausgesuchte Wissensformen und Perspektiven auf den Wissensbegriff dargestellt und erläutert. Insbesondere die Überlegungen zur Dichotomie von

---

[34] Von Pierer, Heinrich

[35] Vgl. Mertins, K.; Seidel, H. (2009), S. 1

[36] Vgl. Mertins, K.; Seidel, H. (2009), S. 1

[37] Vgl. Roumois, U. H. (2010), S. 36

[38] Vgl. Thom, N.; Badet, J. P. (2005), S. 80

implizitem und explizitem Wissen, sowie die Abgrenzung von Daten und Informationen scheinen notwendig, um die Komplexität und Schwierigkeiten im Umgang mit Wissen zu erfassen.

2.1.1 Begriffserläuterung Wissen

Der Begriff Wissen entstammt dem althochdeutschen Wort „Wischan", was so viel wie „gesehen haben" bedeutet.[39] Im Unterschied zu Glauben, Vermutung oder Meinung liegt Wissen meist eine rational begründete Kenntnis zugrunde und ist demzufolge überprüfbar, lässt sich gliedern und Kategorien zuordnen.[40] Sprachursprünglich bedeutet „Kenntnis" „das Wissen von etwas; das Bekanntsein mit bestimmten Fakten" und wird nach dem Duden als Synonym für Fach- und Sachwissen dargestellt.[41] Die Bezeichnung „Fakt" ist gleichzusetzen mit „Tatsache"[42] und bedeutet „ein wirklich gegebener Umstand". „Mit etwas vertraut sein; etwas in seinen charakteristischen Eigenschaften kennengelernt und im Bewusstsein haben; über jemanden, etwas, sich, Bescheid wissen; mit jemanden, etwas Erfahrung haben, was und wie etwas ist" wird unter dem Begriff „Kennen" subsumiert.[43] Demnach lässt sich zusammenfassen, dass der Begriff „Wissen" im allgemeinen Sprachgebrauch die Kenntnis über bestimmte Tatsachen, welche im Bewusstsein verankert sind, wiederspiegelt.

2.1.2 Vom „Zeichen" zu „Wissen"

Im Gegensatz zum Begriff „Wissen" herrscht in der Wissensmanagement Literatur Konsens darüber, dass die Begriffe Daten – Informationen – Wissen in einer hierarchischen Struktur zueinander stehen.[44] Das bedeutet, die Begriffe stellen jeweils den Rohstoff für die nachgelagerte Stufe dar. Diesen Zusammenhang beschreibt *North* anhand seiner Wissenstreppe (vgl. Abbildung **Fehler! Unbekanntes Schalterargument.**).

---

[39] Vgl. Broßmann, M.; Mödinger, W. (2011), S. 9

[40] Vgl. Broßmann, M.; Mödinger, W. (2011), S.9

[41] Vgl. Duden (2018), S. 562

[42] Vgl. Duden (2018), S. 374

[43] Vgl. Duden (2018), S. 561f.

[44] Vgl. Roumois, U. H. (2010), S. 43

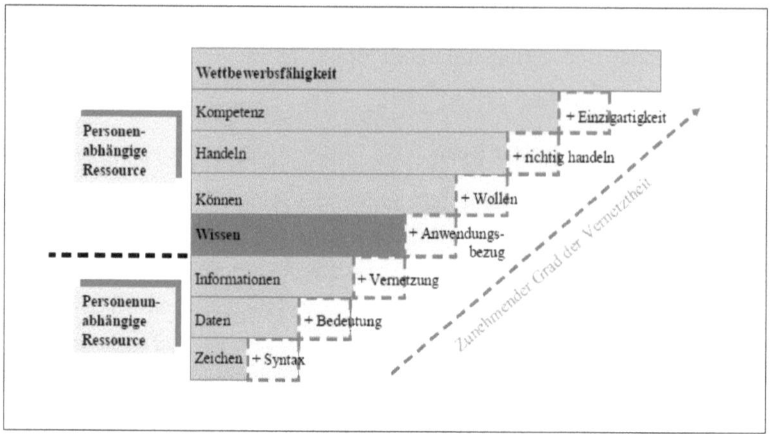

Abbildung **Fehler! Unbekanntes Schalterargument.**: Einordnung von Wissen in Anlehnung an die Wissenstreppe von North
(Quelle: North (1999), S. 39)

Beginnend mit Zeichen (Buchstaben, Ziffern, Sonderzeichen) auf der untersten Stufe der Begriffshierarchie, werden diese durch eine Ordnungsregel (einen Code oder eine Syntax) zu Daten. Beispiele für Daten sind beliebige Zeichen bzw. Zeichen-, Reiz- oder Signalfolgen, die in einem sinnvollen Zusammenhang zueinander stehen. Zwar sind Daten für alle Organisationen notwendig, trotzdem bedeutet eine höhere Anzahl an Daten nicht unbedingt bessere Daten.[45] Zum einen kann eine zu umfangeiche Datenmenge die Identifikation und sinnvolle Nutzung der relevanten Daten erschweren, zum anderen kommen Daten als solche keine inhärente Bedeutung zu.[46] Maßgeblich sind Daten aus dem Grund, da sie „das entscheidende Rohmaterial zur Schaffung von Informationen"[47] darstellen. Erst wenn Daten in einem bestimmten Bedeutungskontext interpretierbar sind, werden sie zu Informationen. Können diese Informationen nicht mit anderen aktuellen oder in der Vergangenheit gespeicherten Informationen vernetzt werden, sind sie jedoch für den Betrachter bedeutungslos. Das darauf aufbauende Wissen entsteht demnach erst, wenn Informationen mit anderen Informationen vernetzt und im Bewusstsein verarbeitet werden.[48] *Probst et al.* definieren Wissen als „die Gesamtheit der

---

[45] Vgl. Davenport, T. H.; Prusak, L. (1998), S. 28

[46] Vgl. Davenport, T. H.; Prusak, L. (1998), S. 28

[47] Vgl. Davenport, T. H.; Prusak, L. (1998), S. 28

[48] Vgl. Al-Laham, A. (2016), S. 25

Kenntnisse, die Individuen zur Lösung von Problemen einsetzen."[49] Auch hier wird deutlich, dass es sich bei Wissen nicht um einzelne, alleinstehende Informationen handelt, sondern erst durch die Vernetzung der persönlich erlangten Informationen, Wissen entstehen kann. Ein Beispiel in Abbildung 3 soll die ersten vier Stufen der Wissenstreppe verdeutlichen:

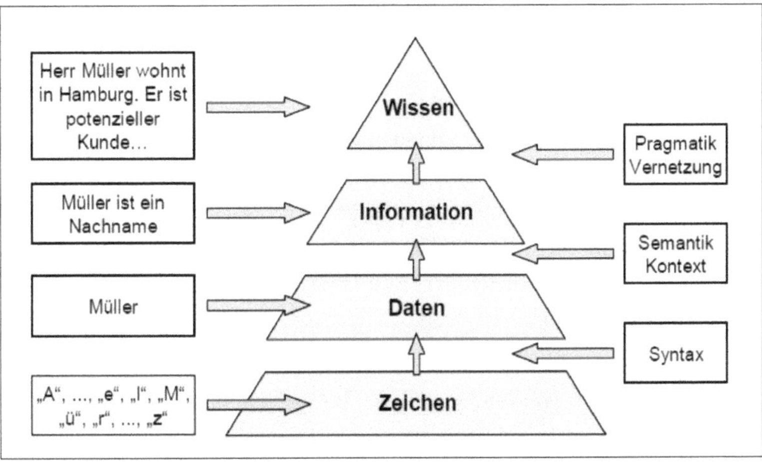

Abbildung 3: Begriffshierarchie
(Quelle: Bodendorf, F. (2013))

Insbesondere in unterschiedlichen kulturellen Kontexten kann die Interpretation von Information sehr unterschiedlich ausfallen.[50] Ein Kopfnicken wird beispielsweise nicht in jedem Land als Zustimmung interpretiert, sondern kann auch ein Zeichen von Ablehnung symbolisieren. Dies macht nochmals deutlich, dass Wissen von individueller Erfahrungen geprägt ist.[51] Das Subjekt und sein kultureller Kontext bestimmen also in erheblichen Maße, welche Form des Wissens aus einer Information entstehen kann. Neben dem spezifischen Kontext ist auch die Bindung des Wissens an Personen von zentraler Bedeutung. Wissen entsteht innerhalb von Interaktion und ist mit dem Entstehungskontext verbunden. Es wird von Interessen beeinflusst und ist daher nicht neutral.[52] Dies stellt auch die wesentlichste Unterscheidung zu den vorgelagerten Stufen dar, denn während Zeichen, Daten und

---

[49] Probst, G.; Raub, S.; Romhardt, K. (2013), S. 23

[50] Vgl. North, K. (2016), S. 37

[51] ebd., S.37

[52] Vgl. Mescheder, B.; Sallach, C. (2012), S. 10

Informationen unabhängig von Personen existieren können, so sind Wissen und die weiteren Stufen der Wissenstreppe personenabhängige Ressourcen. *Weingarten* betont diese Annahme mit der Feststellung, dass in einem unabhängig von Personen existierenden Text die Information steckt.[53] Das Wissen befindet sich in den Köpfen von Personen[54], weshalb es zudem deutlich schwerer zu vermitteln und zu verarbeiten ist als die Übermittlung von Daten und Informationen. *North* führt an, dass Information der „Rohstoff" aus welchem Wissen entsteht, bildet und das Medium darstellt, über welches Wissen transportiert wird.[55] Dadurch wird deutlich, dass nur Information als vom Individuum gelöstes Wissen zum Gegenstand von Kommunikation zwischen verschiedenen Wissensträgern werden kann. Bei der Kommunikation wird die reduzierte Form des Wissens als Information von einer anderen Person erfasst und wieder in Wissen transformiert. Dieses Wissen ist nicht identisch, da der Erfahrungskontext der Personen immer unterschiedlich ist. Während also beispielsweise Bücher und Festplatten Daten- bzw. Informationsträger darstellen, kann demnach lediglich der Mensch Wissensträger sein.

Erst auf der nachgelagerten Stufe der Wissenstreppe wird der Wert des Wissens durch den Übergang von Wissen (Wissen WAS) in ein Können (Wissen WIE) für ein Unternehmen sichtbar.[56] Erfolgt ein motivationaler Bezug wird aus dem Können ein aktives Handeln. Dabei ist das Handeln einer Person von dem individuellen Wollen, den Motiven, Zielen und Wertvorstellungen geprägt.[57] Das bedeutet, nur wenn ein Mitarbeiter gewillt ist etwas zu tun, wird konkretes Handeln bewirkt. Wissen wird dann für Unternehmen zur wertvollen Ressource, wenn es in Handlungen transformiert wird. Wissen, welches nicht in Handeln umgewandelt wird, ist organisational nicht relevant.[58] Dies ist mit der zuvor geschilderten Personengebundenheit von Wissen zu begründen.

Wird das Wissen mit einer auf Erfahrung begründenden Urteils- und Entscheidungsfähigkeit verknüpft, reift dieses Wissen zu einer persönlichen Kompetenz.[59] Kompetenz stellt das Ergebnis langwieriger, kontinuierlicher Auseinandersetzung

---

[53] Vgl. Weingarten, R. (1990), S. 9

[54] Was Wissen zu einem immateriellen Gut auszeichnet.

[55] Vgl. North, K. (2016), S. 16

[56] Vgl. North, K. (2016), S. 38

[57] Vgl. North, K.; Reinhardt, K.; Sieber-Suter, B. (2018), S. 40

[58] Vgl. North, K. (2016), S.34

[59] Vgl. Mescheder, B.; Sallach, C. (2012), S.11

mit einem bestimmten Gegenstandbereich dar und kann sich entwickeln, wenn Personen häufig neue Situationen mit erlangten Erfahrungen verknüpfen. Sichtbares Handeln in Kompetenz zu transformieren, ist bereits in den meisten Organisationen als Handlungsbedarf erkannt. Einem dafür gegebenenfalls eingeführten Kompetenzmanagement kommt dann die Aufgabe zu, Kompetenz durch Befähigung der Kompetenzträger zur Umsetzung des Wissens in Handlungen zu entwickeln.[60]

Einzigartige Mitarbeiterkompetenzen symbolisieren schließlich die Vollendung der Wissenstreppe, die Wettbewerbsfähigkeit eines Unternehmens. *North* spricht in diesem Kontext auch von den Kernkompetenzen einer Organisation, die einzigartig, schwer zu imitieren oder transferieren sind und in Synergie mit den anderen Kompetenzen der Organisation ein Alleinstellungsmerkmal auf dem Markt darstellen.[61]

Durch die von *North* entwickelte Wissenstreppe wird der Weg, den Wissen aus einem Individuum heraus durch eine Organisation bis hin zu einer Wettbewerbsfähigkeit nehmen kann, ersichtlich. Anhand der Unterschiede in den Begrifflichkeiten wird deutlich, dass reine Datenbanken, welche lediglich Informationen speichern können, nicht ausreichend sind, um Wissen bzw. Kompetenz in einem Unternehmen zu erhöhen. Während Daten und Informationen vielfach mit IT-Lösungen zu verwalten sind, befindet sich das Wissen in den Köpfen der Mitarbeiter.[62] Wissensorientierte Unternehmensführung bedeutet somit, alle Stufen der Wissenstreppe zu gestalten, um ein „stolpern" beim Begehen der Treppe zu verhindern.[63]

2.1.3 Eigenschaften von Wissen

In dem vorangegangenen Teilkapitel zum Verständnis von Wissen im Allgemeinen wurden bereits einige grundlegende Eigenschaften von Wissen genannt. Aufgrund der Tatsache, dass es sich bei Wissen um ein immaterielles Gut handelt, welches stets an eine Person gebunden ist, folgt eine Reihe weiterer Eigenschaften. So ist Wissen prinzipiell unbegrenzt kopierfähig, was Wissen zu einem *paradoxen Gut*

---

[60] Vgl. Kilian, D.; Krismer, R.; Loreck, S. et al. (2013), S. 17
[61] Vgl. North, K. (2016), S.38f.
[62] Vgl. Kohl, H.; Mertins, K.; Seidel, H. (2016), S. 11
[63] Vgl. North, K. (2016), S. 39

macht:[64] Wissen kann nicht "verbraucht" werden. Wissen ist der Rohstoff der durch Teilung nicht weniger wird.

Wais fasst weitere ausgewählte Eigenschaften des Wissensbegriffs aus verschiedenen Veröffentlichungen zusammen: [65]

- Wissen ist durch *Subjektivität* gekennzeichnet. Unter dem subjektivem Charakter wird verstanden, dass Personen aus verschiedenen Milieus oder mit unterschiedlicher Ausbildung, Weiterbildung oder anderen Abschlüssen dieselbe Aussage unterschiedlich auffassen.

- Wissen ist *übertragbar*. Wissen entsteht nicht nur aus der Schaffung von etwas Neuem. Ebenso kann bereits bekanntes Wissen von einem Themenbereich auf einen anderen übertragen werden und repräsentiert somit neues Wissen. Damit ein solcher Wissenstransfer stattfinden kann, muss ein Austausch stattfinden.

- Wissen ist nicht allgemein gültig, sondern *vergänglich*. Gültigkeit und Relevanz von Wissen unterliegen einem immer schnelleren Verfall. Dies ist insbesondere der Fall, je fachspezifischer das Wissen wird.

- Wissen hat einen *dynamischen Charakter*. Das Wissen eines Menschen wird durch Eindrücke und Erfahrungen ständig verändert, erweitert und vergessen. Auch das Wissen einer Organisation kann nicht als statisch betrachtet werden, da es immer in dynamischen Prozessen und Abläufen verwickelt ist und sich die Organisationen selbst in einem sich ständig verändernden Umfeld befinden.

- Wissen ist *schwer zu messen und zu bewerten*. Auch wenn Wissen als immaterielles Gut für die Wertschöpfung eines Unternehmens immer wichtiger wird, stellt sich die Schaffung einer Wissensbilanz aufgrund der Subjektivität und der fehlenden Vergleichbarkeit als schwierig dar.

---

[64] Community of Knowledge (2016)
[65] Vgl. Wais, A. (2006), S. 13

2.1.4 Formen von Wissen

Zu den verschiedenen, teils diametral gegenüberstehenden Definitionsansätzen zum Wissensbegriff existiert in der Literatur eine Vielzahl von Systematisierungs- und Kategorisierungsansätzen für den Wissensbegriff. Die grundlegenden Wissensarten im Rahmen der Diskussion um Wissensmanagement werden anhand des *Explikationsgrades* und der *personellen Bindung* differenziert und im Folgenden skizziert.

2.1.4.1 Unterscheidung nach dem Explikationsgrad

Bezüglich des *Explikationsgrades* wird zwischen implizitem Wissen und explizitem Wissen unterschieden.[66] Die Relation der beiden Wissensarten wird oftmals plakativ mit der Gestalt eines Eisbergs beschrieben: Der sichtbare und weitaus kleinere Teil bildet das *explizite Wissen* ab, während der größere Teil, welcher nicht ohne weiteres wiedergegeben werden kann, unter der Wasseroberfläche liegt und das *implizite Wissen* darstellt.[67]

Impliziertes Wissen ist Wissen, welches nicht artikuliert und schwer weitergegeben werden kann. *Polanyis* grundlegende Einsicht ist, dass „wir mehr wissen, als wir zu sagen wissen".[68] Als Beispiel nennt er, dass Menschen ein bekanntes Gesicht unter Tausend erkennen können, es ihnen jedoch nicht möglich ist zu beschreiben, wie sie es erkennen konnten.[69] Solches Wissen ist personengebunden und wird deshalb auch als *„embodied knowledge"* bezeichnet, weil es durch den Wissensträger "verkörpert" wird, welcher es durch Handlungen sowie Erfahrungen erworben hat.[70] *Polanyi* beschränkt sich beim impliziten Wissen nicht auf theoretische Kenntnisse, sondern schließt praktische Kenntnisse mit ein. Ein Beispiel ist das Fahrradfahren: Der Fahrer weiß, indem er Fahrrad fährt. Dies lässt sich daran überprüfen, ob er vom Fahrrad fällt oder eben nicht.[71] Er könnte dieses Wissen jedoch nicht artikulieren, wenn er es einem Schüler beibringen müsste. Neben den praktischen Fertigkeiten, worunter z.B. auch gewissen Handgriffe, Vorgehensweisen oder handwerkliches Geschick fallen, werden zum impliziten Wissen auch Gefühle,

---

66 Diese epistemologisch basierte Unterscheidung geht auf Michael Polanyi zurück. Vgl. Polanyi, M. (1985), S. 14ff.

67 Vgl. Wais, A. (2006), S. 18

68 Vgl. Polanyi, M. (1985), S. 14

69 Vgl. Polanyi, M. (1985), S. 16

70 Vgl. Dittmar, C. (2013), S. 109

71 Vgl. Kusterer, S. (2008), S. 18

Überzeugungen, Wertesysteme oder Ideale gezählt.[72] Da diese Wissensform schwer zu formulieren und nach dem hier vorgestellten Begriffsverständnis in Form von Informationen (siehe Kapitel **Fehler! Verweisquelle konnte nicht gefunden werden.**) weiterzugeben ist, wird in der Literatur auch von *„tacit knowledge"*, also wortlosem oder stillschweigendem Wissen, gesprochen.[73]

Demgegenüber steht *explizites Wissen*, welches beschreibbares, formalisierbares Wissen darstellt. Es kann außerhalb der Köpfe von Personen niedergelegt werden (z.B. in Form von Dokumenten oder Datenbanken) und ist somit "außerhalb" des Wissensträger verfügbar. Es wird deshalb auch *„disembodied knowledge"*[74] genannt. Explizites Wissen kann u. a. mit Mitteln der Informations- und Kommunikationstechnologie aufgenommen, übertragen und gespeichert werden.[75] Beispiele dafür sind Prozessbeschreibungen, Patente, Organigramme, und Qualitätsdokumente. Trotz der allgemeinen Anerkennung der oben beschrieben Subjektgebundenheit von Wissen in der relevanten Literatur, wird im gleichen Zusammenhang der Begriff des expliziten Wissens als vom Menschen unabhängig gespeicherten oder dokumentierten Wissen verwendet, auch wenn dies gegen die geforderte Subjektgebundenheit verstößt.[76] Die hieraus resultierende Unstimmigkeit wird von *Aulinger, Pfriem* und *Fischer* in einer radikalkonstruktivistischen Perspektive thematisiert und in folgender These formuliert: „Der Begriff des 'expliziten' Wissens ist ein Widerspruch in sich selbst. Wissen [...] gibt es nur in Köpfen (und Bäuchen)."[77]

Aus diesem Grund sei an dieser Stelle darauf hingewiesen, dass es sich bei explizitem Wissen nach dem hier verwendeten Begriffsverständnis viel mehr um explizierbares Wissen handelt, das allenfalls in Form von Informationen übertragen werden kann.

---

[72] Vgl. Dittmar, C. (2013), S. 109

[73] Vgl. North, K. (2016), S. 46

[74] Vgl. North, K. (2016), S.46

[75] Vgl. Ebd.

[76] *Rehäuser und Krcmar* konstatieren, dass das explizite Wissen außerhalb der Köpfe einzelner Personen abgelegt ist und daher "einfach mittels elektronischer Datenverarbeitung verarbeitet, übertragen und gespeichert werden". Vgl. Rehäuser, J.; Krcmar, H. (1996), S. 7

[77] Vgl. Aulinger, A.; Pfriem, R.; Fischer, D. (2001), S. 77f.

Dittmar führt an, dass nach diesem Begriffsverständnis eine detailliertere Unterscheidung von explizitem und implizitem Wissen eher durch die Untersuchung von *potenzieller* Möglichkeit der Explizierung erfolgen soll, also ob das Wissen grundsätzlich in Form von Informationen formalisierbar und dokumentierbar ist.[78] Aus diesem Grund wird im Folgenden der gedanklich eindeutige Begriff des explizierbaren Wissens anstelle des expliziten Wissens verwendet.

2.1.4.2 Unterscheidung nach der personellen Bindung

Die zweite Klassifizierung von Wissen bezieht sich auf die *personelle Bindung.* Demnach wird zwischen *individuellem*[79] und *kollektiven Wissen* unterschieden. Individuelles Wissen ist auf einzelne Organisationsmitglieder beschränkt, wohingegen kollektives Wissen mit dem Begriff des *organisationalen Wissens* gleichgesetzt werden kann.[80]

Individuelles Wissen kann basierend auf Erfahrungen implizit, aber auch explizit vorliegen z.B. wenn ein Rechner in einem Unternehmen durch ein individuelles Passwort geschützt ist.[81] Dieses Wissen steht lediglich den einzelnen Personen zur Verfügung. Im Gegensatz dazu wird *kollektives Wissen* als „Wert für das Unternehmen, der unabhängig vom aktuellen Mitarbeiterbestand ist"[82], verstanden. Nach *Probst et. al.* ist das kollektive Wissen dabei „mehr als die Summe des Wissens einer Anzahl an Individuen".[83] *Bea* nennt als Grund dafür die Synergieeffekte, welche sich aus dem Netzwerk der Beziehungen innerhalb einer Organisation erzielen lassen.[84] Auch kollektives Wissen kann implizit und explizit vorliegen.[85] Zum Beispiel zählt unter den Begriff kollektives Wissen wenn Mitarbeiter gleichermaßen auf Informationen und Dokumente innerhalb der Organisation zurückgreifen.

---

[78] Vgl. Dittmar, C. (2013), S. 110

[79] Oder auch „privates Wissen" z.B. Rehäuser, J.; Krcmar, H. (1996), S. 7

[80] Vgl. Müller, B.; Kasper, P.D.H. (2009), S. 31

[81] Vgl. Müller-Steinfahrt, U. (2006), S. 170

[82] Vgl. Ilgen, A. (2013), S. 27

[83] Vgl. Probst, G.; Raub, S.; Romhardt, K. (2013), S. 22

[84] Vgl. Bea, F. X. (2000), S. 363

[85] Vgl. Ilgen, A. (2013), S. 27

Es können jedoch darunter auch allgemein anerkannte Verhaltensregeln, Standards oder auch die Unternehmenskultur fallen[86], da sie im Bewusstsein der Mitarbeiter vorhanden sind. Die Gesamtheit des Wissens in einem Unternehmen wird als *Organisationale Wissensbasis* bezeichnet.

Das *organisationale Wissen* muss nach *Duncan/Weiss* drei Kriterien genügen:[87]

- Unter der *Kommunizierbarkeit* wird die Möglichkeit verstanden, dass das Wissen von anderen Organisationsmitgliedern verstanden werden kann.

- *Konsensualität (Validität)* bedeutet, dass das organisationale Wissen von den anderen Mitgliedern der Organisation als gültig und nützlich anerkannt werden muss.

- *Integriertheit* meint, dass sich das Wissen mit anderen „Handlungs-Ergebnis-Beziehungen" verknüpfen lässt.

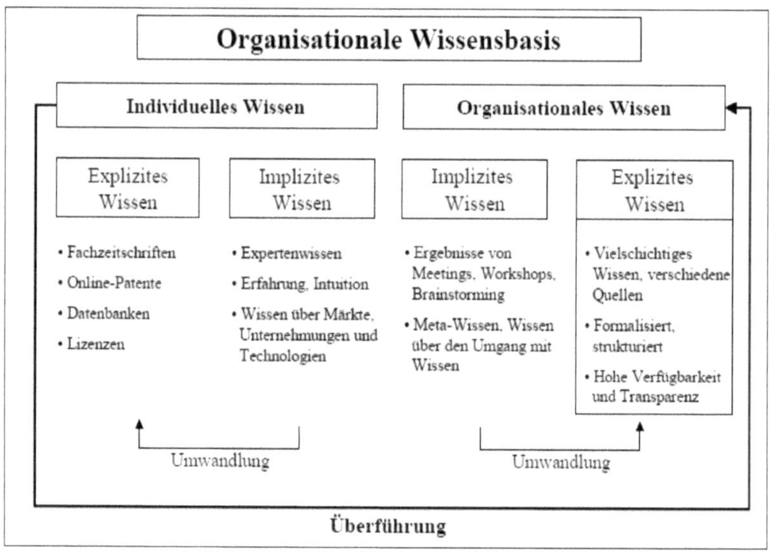

Abbildung 4: Die organisationale Wissensbasis
(Vgl. Völker, R.; Sauer, S.; Simon, M. (2007), S. 63)

---

[86] Vgl. Dittmar, C. (2013), S. 111
[87] Vgl. Wiegand, M. (2013), S. 28

Wie der obigen Abbildung 4 zu entnehmen ist, stellt die organisationale Wissensbasis die Gegenüberstellung von individuellem und organisationalem (kollektivem) Wissen dar. Man erkennt, dass sich sowohl das individuelle als auch das kollektive Wissen aus impliziten und expliziten Bestandteilen zusammensetzen.

Damit ein Unternehmen nicht von dem Wissen einer Einzelperson abhängt, besteht die Herausforderung den Anteil kollektiven Wissens stetig auszubauen. Erst durch die Umwandlung von individuellem Wissen in kollektives Wissen wird neues, für das gesamte Unternehmen verwendbare Wissen erzeugt, welches von besonderer Bedeutung für das langfristige Überleben einer Organisation ist.[88]

Instrumente und Maßnahmen müssen daher zum einen individuelles Wissen dokumentierbar und artikulierbar machen und darüber hinaus Möglichkeiten schaffen private Wissenszugänge durch kollektive Zugänge zu ersetzen.

Nonaka und *Takeuchi* haben die Überführung des *impliziten* in *explizites Wissen* als Grundproblem des Wissensmanagements formuliert. Zwar werden heute große Mengen an Wissen täglich in umfangreichen zumeist elektronischen Speichern gesammelt, ein wesentlicher Teil des Wissens ist jedoch in den Köpfen der Mitarbeiter verborgen, weshalb die Explikation von implizitem Wissen zunehmend an Bedeutung gewinnt. Erst das Wissen, welches in expliziter Form vorliegt, ist dann nämlich für die gesamte Unternehmung verfügbar und somit über einzelne Personen oder Personengruppen hinaus nutzbar. Die grundlegende Frage im Kontext von Kommunikationsprozessen ist, ob und inwieweit die Bindung von Wissen an den Einzelnen zumindest teils überwunden werden kann, um einen Transfer auf andere Individuen zu erreichen und damit den Wissensaustausch im Unternehmen zu ermöglichen. Im Laufe des Kapitels werden hierzu die vier Grundmuster der organisationalen Wissenserzeugung und -transformation von *Nonaka* und *Takeuchi* näher erläutert.

---

[88] Vgl. Probst, G.; Raub, S.; Romhardt, K. (2013), S. 22

2.2 Wissensmanagement

> „Man kann Wissen nicht managen, so wie man Patriotismus, Liebe oder seine Kinder
> nicht managen kann. Aber man kann ein Umfeld schaffen, in dem Wissen gedeiht"[89]

Der Begriff Wissensmanagement wurde in den letzten Jahren, aufgrund der zuneh-menden Bedeutung des Wissens, welches in den hoch technisierten Gesellschaften zum erfolgsversprechenden Produktionsfaktor avancierte, immer populärer. Mit Hilfe des Wissensmanagements soll das organisationale Wissen (siehe Kapitel 2.1.4.2) systematisiert, kumuliert und gesteuert werden, um dadurch wissensba-sierte Produkte und Dienstleitungen zu erstellen.

Um eine breite Basis für die Entwicklung eines Konzepts für ein benutzerzentrier-tes Wissensmanagementsystem zu legen, wird im Rahmen dieses Abschnitts das in dieser Arbeit zugrunde liegende Verständnis von Wissensmanagement präsen-tiert, die wesentlichen Aufgaben von Wissensmanagement erläutert sowie den Nutzen eines Wissensmanagements erarbeitet. Des Weiteren werden drei zentrale Modelle, welche eine starke Resonanz in der Literatur gefunden haben, im Weite-ren detailliert beleuchtet. Obwohl Wissensmanagement eine relativ junge For-schungsdisziplin ist, gibt es mittlerweile eine Fülle von Konzepten und Ansätzen zu diesem Thema. Um den Rahmen dieser Arbeit nicht zu sprengen, beschränkt sich die Darstellung auf diese für die weitere Untersuchung relevanten Konzepte.

2.2.1 Begriffserläuterung Wissensmanagement

Die Terminologie Wissensmanagement wurde aus dem Englischen „Knowledge Management (KM)" übernommen. Das Thema wird von unterschiedliche For-schungsdisziplinen mit unterschiedlichen Schwerpunkten und Erkenntniszielen beleuchtet. Dementsprechend heterogen sind die zahlreichen Auslegungen. Analog zu dem Wissensbegriff existiert bis dato keine allgemein anerkannte Definition zum Begriff des Wissensmanagements.[90] Aufgrund dessen wird zunächst der Be-griff „Management" für diese Arbeit definiert, um im Anschluss das Verständnis vom Wissensmanagement herbeizuleiten.

---

[89] Laurence Prusak (1999) in Merx
[90] Vgl. Döring, H. (2016), S. 143

Grundsätzlich sind beim anglo-amerikanischen Begriff „Management" nach *Staehle* zwei Sichtweisen zu unterscheiden: der *institutionelle und funktionale Ansatz*.[91]

Beim *institutionellen Ansatz* wird das Management als Institution verstanden und beschreibt die Gruppe von Personen in einer Organisation, welche mit Weisungsbefugnissen ausgestattet ist, und somit alle Organisationsmitglieder, die eine Vorgesetztenfunktion wahrnehmen und allgemein auch als Führungskräfte bezeichnet werden.

Beim *funktionalen Ansatz* ist Management als eine Ansammlung von Funktionen zu verstehen, die unabhängig von einem bestimmten Personenkreis Handlungen beschreiben, die zur Lenkung des leistungsrelevanten Arbeitsvollzugs als notwendig erachtet werden.[92]

Diese Arbeit orientiert sich im weiteren Verlauf an dem funktionalen Managementansatz, wie ihn *Staehle* als *Planung, Organisation, Steuerung und Kontrolle* beschreibt.[93] Dieser Logik folgend könnte man Wissensmanagement zunächst als Führungssystem einer Organisation verstehen, welches Wissen und Wissenssysteme steuert.

Im weiteren Sinne soll in der vorliegenden Arbeit Wissensmanagement entsprechend nach *Reinmann-Rothmeier et al.* (2001) wie folgt verstanden werden:

> „Wissensmanagement bezeichnet den bewussten und systematischen Umgang mit der Ressource Wissen und den zielgerichteten Einsatz von Wissen in der Organisation" (S. 18).

Im engeren Sinne umfasst dieser „systematische Umgang" das „[...] Identifizieren, Sammeln, Aufbereiten, Verteilen, Erweitern und Bewerten von Wissen [...]".[94] Diese Begriffsbildung verdeutlicht, dass der Umgang mit Wissen nicht zufällig, sondern geplant, organisiert und kontrolliert werden sollte, analog dem Management-Verständnis nach *Staehle*.

---

[91] Vgl. Staehle, W. H.; Conrad, P. (1999), S. 71

[92] Vgl. Becker, T. (2012), S. 29

[93] Vgl. Staehle, W. H.; Conrad, P. (1999), S. 71

[94] Vgl. Alex, B.; Becker, D.; Stratmann, J. (2002), S. 50

Die Definition von Wissensmanagement nach *Herrmann et al.* bezieht explizit die technische Unterstützung mit ein, weshalb diese im engeren Sinne innerhalb dieser Arbeit gelten soll[95]:

> „Unter Wissensmanagement wird die Gesamtheit aller Planungen, Maßnahmen und technischen Unterstützungsmöglichkeiten, mithilfe derer das Wissen und die Erfahrung einzelner Beschäftigten gesammelt, miteinander verbunden und weiterentwickelt werden sollen, verstanden."

2.2.2 Motive für Wissensmanagement

Nachdem der Begriff „Wissensmanagement" für diese Arbeit definiert wurde, stellt sich die Frage, welche Gründe für Unternehmen vorliegen, sich um ein passendes Management der Ressource „Wissen" zu kümmern.

Die wichtigste argumentative Grundlage für die Hinwendung zu Wissensmanagement ist die Feststellung einer stark wachsenden Wissensintensität der Leistungen, die Unternehmen am Markt anbieten und absetzen. [96] Im post-industriellen Zeitalter wurde Wissen zu einem Produkt und zu einem bedeutenden Kapitalfaktor in Unternehmen. Bereits 1991 schreibt *Reich*:

> „Core corporations no longer focus on products as such; their business strategies increasingly center upon **specialised knowledge**"[97].

So bieten viele Unternehmen heutzutage speziell auf die individuellen Kundenbedürfnisse zugeschnittene Lösungen an, statt einfacher, standardisierter Produkte. Diese individuell ausgerichteten Lösungen erfordern Wissen über Kundenprozesse und eigene Produkte. Auch ist eine zunehmende geografische Verteilung von wissensintensiven Prozessen im Unternehmen erkennbar.[98] Global ausgerichtete Unternehmen arbeiten in allen Regionen der Erde mit ihren Kunden an spezifisch zugeschnittenen Produkten. Die Entwicklung und Nutzung des organisationalen Wissens sollte daher standortübergreifend erfolgen. Ein weiterer Grund für das Wissensmanagement stellt die hohe Dynamik der Humanressource dar. So können Personalressourcen in kurzer Zeit abgebaut werden oder Mitarbeiter wechseln aufgrund der guten Marktlage ihren Arbeitsplatz. *Drucker* weist darauf hin, dass die

---

[95] Herrmann, T.; Hoffmann, M.; Loser, K. (2001), S. 15

[96] Vgl. Krcmar, H. (2015), S. 18

[97] Zitiert nach Krcmar, H. (2015), S. 18

[98] Vgl. Krcmar, H. (2015), S. 18

Produktionsmittel, die traditionelle Grundlage des Kapitalismus, heute im Besitz der Arbeiter sind, weil sie sie geistig beherrschen und Bedienungsgewalt über sie haben.[99] Damit wird Wissen zur neuen Form des Eigentums. Durch Konzepte und Methoden des Wissensmanagement wird von heutigen Unternehmen der Versuch unternommen auf diese Entwicklung zu reagieren und den Besitz des neuen Produktionsmittels zu sichern und damit einer schleichenden Enteignung entgegenzuwirken. Damit soll das Wissen auch beim Ausscheiden von Experten erhalten bleiben und neue Mitarbeiter schneller und effizienter eingearbeitet werden.[100]

2.2.3 Aufgaben des Wissensmanagement

Im Folgenden werden anhand einer idealtypischen Dichotomie die grundsätzlichen Aufgaben des strategischen und des operativen Wissensmanagements beschrieben, welche zugleich für eine in Kapitel 2.1.2 angesprochene allumfassend wissensorientierte Unternehmensführung notwendig sind.

Entsprechend der Trennung nach Effektivität und Effizienz differenzieren einige Autoren in Abhängigkeit des Ausmaß von Entscheidungen und Maßnahmen zwischen einem strategischen und einem operativen Wissensmanagement.[101] Einige Klassifizierungsmerkmale zur Unterscheidung der beiden Aufgabenbereiche sind der folgenden Abbildung 5 zu entnehmen.

Kriterium	Strategisches Wissensmanagement	Operatives Wissensmanagement
Zeitbezug	*Langfristig (2-5 Jahre)*	*Kurz-/mittelfristig (< 2 Jahre)*
Erfolgsfaktoren	*Qualitativ (Risiko & Chance)*	*Quantitativ (Kosten & Leistung)*
Ziele	*Sicherung der Wissenspotenziale*	*Kurz-/mittelfristige Verfügbarkeit der Ressource Wissen*
Bezugszeitraum	*Zukunft*	*Gegenwert/Vergangenheit*
Orientierung	*Externe Faktoren*	*Interne Faktoren*
Prozess	*Innovativ und kreativ*	*Routinemäßig und repetitiv*

Abbildung 5: Strategisches versus operatives Wissensmanagement
(Vgl. Dittmar, C. (2013), S. 126)

---

[99] Vgl. Drucker, P. (2013)
[100] Rüstmann, M. (1999)
[101] Vgl. Dittmar, C. (2013), S. 125

2.2.3.1 Strategisches Wissensmanagement

Das *strategische Wissensmanagement* durchläuft die Wissenstreppe von *North* von oben nach unten (siehe Abbildung **Fehler! Unbekanntes Schalterargument.**), und beschäftigt sich mit der Fragestellung welche Kompetenzen und daraus abgeleitet, welches Können und Wissen notwendig ist, um wettbewerbsfähig zu sein. Bei den Aufgaben handelt es sich eher um außergewöhnliche, häufig einmalige Tätigkeiten und Entscheidungen, welche sich insbesondere mit der Zukunft der Organisation und ihrer Positionierung im Wettbewerb beschäftigen.[102]

Albrecht zählt folgende Aufgabenkomplexe zum *strategischen Wissensmanagement*:[103]

- Verankerung der unternehmensweiten Wissensorientierung in den Unternehmensgrundsätzen und -leitbildern
- Schaffung einer wissensorientierten Unternehmenskultur
- Entwicklung einer unternehmensweiten Wissensstrategie
- Strategisches Management der Humanressourcen in Bezug auf Wissenspotenziale
- Strategisches Management der (technischen) Infrastrukturen in Bezug auf die Wissensverarbeitung

Weiter sind Wissensziele aus den Unternehmenszielen abzuleiten.[104] Außerdem ist es Aufgabe des strategischen Wissensmanagements, ein Unternehmensmodell zu konzipieren, welches die motivationalen und organisatorischen Strukturen und Prozesse abbildet, die für ein Unternehmen im wissensbasierten Wettbewerb essentiell sind.

Die Maßnahmen des strategischen Wissensmanagement bilden den Rahmen für die Aufgaben des operativen Wissensmanagement, welche im Folgenden skizziert werden.

---

[102] Vgl. Dittmar, C. (2013), S. 126
[103] Vgl. Albrecht, F. (1993), S. 102ff.
[104] North, K. (2016)

2.2.3.2 Operatives Wissensmanagement

Das *operative Wissensmanagement* konkretisiert die strategischen Vorgaben und leitet die Phase der Umsetzung ein.[105] Es beschäftigt sich insbesondere mit der Vernetzung von Informationen zu Wissen, Können und Handeln.[106] Der Fokus dieser Maßnahmen liegt in der Verbesserung des Wissensflusses innerhalb der Unternehmung, um damit kurz- und mittelfristig die Verfügbarkeit der Ressource Wissen zu erhöhen. Innerhalb dessen kommt der Überführung implizitem in explizites Wissen und umgekehrt große Bedeutung zu.[107] Ohne Anreize findet dieser Prozess aber nicht statt[108], weshalb dem operativem Wissensmanagement auch die Aufgabe zugeteilt ist, Rahmenbedingungen zu schaffen, welche Anreize zum Wissensaufbau, -teilung und -nutzung bieten.

Aufgabenstellungen aus dem Bereich des operativen Wissensmanagement sind durch eine starke Umsetzungsorientierung gekennzeichnet, die sich durch eine geringe Komplexität aufgrund einer geringeren Anzahl von Freiheitsgraden im Vergleich zum strategischen Wissensmanagement aufzeigen lässt.[109] In diesen Bereich fallen Prozesse, die sich u.U. wiederholen bzw. aufgrund ähnlicher, vergangener Anreize in der Unternehmung mit Hilfe des umfangreichen Erfahrungswissens standardisiert und routinemäßig durchgeführt werden.

Die daraus abgeleiteten Managementmaßnahmen verfolgen die Zielsetzung, jegliches Wissen, an der richtigen Stelle der Ablauforganisation zum passenden Zeitpunkt in der erforderlichen Qualität und Menge verfügbar zu machen.[110] Dazu zählt zu den Aufgabenbereichen z.B. die Schaffung einer Transparenz, welches Wissen an welchem Ort und in welcher Form insbesondere innerhalb der Unternehmung vorliegt. Darüber hinaus ist zu gewährleisten, dass das vorhandene Wissen (in Form von Informationen) adäquat dokumentiert wird und entsprechend der Bedürfnisse der Wissensnachfragenden zugänglich gemacht wird.

---

[105] Vgl. Dittmar, C. (2013), S. 126

[106] Vgl. North, K.; Brandner, A.; Thomas Steininger, M. S. (2015), S. 8

[107] Vgl. North, K.; Brandner, A.; Thomas Steininger, M. S. (2015), S. 8

[108] Vgl. North, K.; Brandner, A.; Thomas Steininger, M. S. (2015), S. 8

[109] Vgl. Dittmar, C. (2013), S. 126

[110] Vgl. zitiert nach Dittmar, C. (2013), S. 126

2.2.4 Wissensmanagement-Modelle

Im Wissensmanagement existieren verschiedene Modelle, die das Managen von Wissen beschreiben. *Probst et al.* betonen, dass das „richtige Modell" des Wissensmanagement nicht existiert, sondern die unterschiedlichen Systematisierungsversuche stets auf die unterschiedlichen Erkenntnisinteressen und Beobachterperspektiven basieren.[111] Auch finden die Wissensmanagement-Modelle in der Praxis nicht zwangsläufig eine 1:1 Anwendung, sondern werden abhängig von der Organisation teilweise oder lediglich in Phasen angewendet.[112]

In diesem Abschnitt werden drei der bekanntesten Wissensmanagement-Modelle vorgestellt. Das Modell von *Probst et al.* ist von einem praxisorientierten Erkenntnisinteresse geprägt[113] und stellt sich daher für den weiteren Verlauf der Arbeit von besonderer Bedeutung dar. Die Wissensspirale nach *Nonaka/Takeuchi* stellen essentielle Unterschiede und Erkenntnisse in der Wissensumwandlung dar. Das TOM-Modell nach *Bullinger et. al.* ist für den Gestaltungsrahmen eines Wissensmanagements relevant.

2.2.4.1 Die Wissensspirale nach *Nonaka* und *Takeuchi*

Eine systematische Darstellung des Prozesses der Wissensgenerierung und Wissenstransformation, also der Übergangsformen zwischen implizitem und explizitem Wissen (siehe Kapitel 2.1.4.2) und der Entwicklung neuen Wissens auf organisationaler Ebene, liefern *Nonaka* und *Takeuchi* mit ihrem in der Literatur häufig zitierten Modell der Wissensspirale, auch *SECI- Modell* (*Socialization, Externalization, Combination, Internalization*) genannt. Das Modell beruht auf empirischen Untersuchungen in verschiedenen japanischen Unternehmen, wie z.B. Honda, Canon und Sharp. Dabei wurden Kriterien, wie z.B. die Reaktion auf Kundenwünsche, Innovation neuer Produkte oder Integration neuer Technologien detailliert beleuchtet.

Die Wissensspirale besteht aus zwei Ebenen. Die Ebenen basieren dabei auf der Unterscheidung von zwei grundlegenden Dimensionen: Mit der *epistemologischen Perspektive,* also die erkenntnistheoretische Perspektive, wird eine dichotome[114] Unterscheidung des Wissens der beiden Wissensarten „implizit" und „explizit"

---

[111] Vgl. Probst, G.; Raub, S.; Romhardt, K. (2013)

[112] Vgl. Dornhöfer, M.-J. (2017), S. 41

[113] Vgl. Probst, G.; Raub, S.; Romhardt, K. (2013)

[114] Die Dichotomisierung ist auf *Polanyi* zurückzuführen (Vgl. Kapitel 2.1.4.1.).

vorgenommen. Mit der als *ontologisch* bezeichneten zweiten Dimension werden Individuen, Gruppen und Organisationen als mögliche Quellen neuen Wissens abgebildet. *Nonaka/Takeuchi* führen an, dass Wissen nur von Einzelpersonen geschaffen werden kann und danach über die Verbreitung in der Gruppe der ganzen Organisation zugänglich gemacht werden soll. Die Interaktion zwischen den beiden Ebenen hat den positiven Effekt, dass Wissen zunehmend angereichert wird. Ausgehend von der individuellen Ebene können also immer mehr Interaktionsgemeinschaften durch den Spiralprozess gebildet werden. Dadurch kann Wissen über die Grenzen von Sektionen, Abteilungen, Divisionen und Unternehmen übertragen werden.[115]

Nonaka und *Takeuchi* führen vier unterschiedliche Formen der Wissensumwandlung auf*: Sozialisation, Externalisierung, Kombination und Internalisierung* (siehe Abbildung 6).[116] Aufgabe des Wissensmanagements ist es, einen Prozess zu starten, der diese vier Teilprozesse verbindet und permanent am Laufen hält.

Abbildung 6 zeigt auf, wie Wissen beim Durchlauf der vier Phasen von Wissensentstehung und -entwicklung vom einzelnen Mitarbeiter ausgehend im Unternehmen zirkuliert. Die unterschiedlichen Formen der Wissensumwandlung werden im Folgenden näher angeführt.

---

[115] Vgl. Nonaka, I.; Takeuchi, H.; Mader, F. (2012), S. 92ff.
[116] Vgl. Ikujiro Nonaka; Hirotaka Takeuchi (1995), S. 61ff.

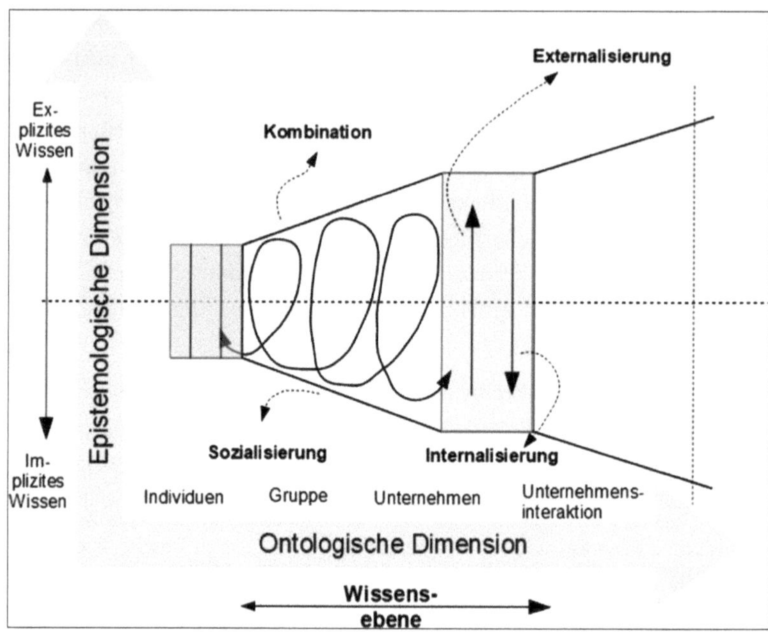

Abbildung 6: SECI-Modell – Sozialisation, Externalisierung, Kombination, Internalisierung

(Quelle: in Anlehnung an Ikujiro Nonaka; Hirotaka Takeuchi (1995), S. 71)

Sozialisation - Von Implizit zu Implizit

Eine Übertragung von implizitem Wissen eines Individuums auf ein anderes Individuum basiert auf dem Austausch von Erfahrung. Dies kann durch Nachahmung, Beobachtung und praktische Übung geschehen, weshalb dazu keine Hilfenahme von Sprache benötigt wird. Das Wissen steht in diesem Fall nicht der gesamten Organisation zur Verfügung.

Externalisierung - Von Implizit zu Explizit

Durch die Externalisierung wird das implizite Wissen durch Artikulation in explizites Wissen transformiert. Dieser Prozess kann durch Metaphern, Analogien, Modelle und Hypothesen vollzogen werden.[117]

---

[117] Vgl. Ginolas, M. (2012)

Die Externalisierung von (explizierbarem) Wissen ist, wie bereits erwähnt, für Organisationen von besonderem Interesse, da dadurch das Wissen über ein Individuum hinaus auch für andere Mitarbeiter nutzbar wird.

Internalisierung - Von Explizit zu Implizit

Beim Prozess der Internalisierung wird bereits dokumentiertes Wissen auf Seiten des Mitarbeiters verinnerlicht und mit dem vorhandenen impliziten Wissen verknüpft. Erfahrungen bei der Anwendung dieses Wissens („Learing by doing") kann der Mitarbeiter im Rahmen seiner Aufgabenerfüllung nutzen.

Kombination - Von Explizit zu Explizit

Die Kombination findet durch Sortieren, Hinzufügen und Kategorisieren des expliziten Wissens verschiedener Mitarbeiter statt. Die Kombination von bereits bekanntem dokumentiertem Wissen kann dann förderlich sein, wenn durch eine neue Verbindung einzelner Wissenskomponenten mehrere Mitarbeiter neue Erkenntnisse erlangen, die z.B. eine effektivere Aufgabenerfüllung erlauben. Die Kombination ist schließlich die organisationsübergreifende Verwendung von Wissen, womit die Externalisierung ihr größtmögliches Potential erreicht.

Abbildung 7 zeigt Beispiele auf, wie die vier Wissensumwandlungsprozesse durch verschiedene Informationssysteme unterstützt werden können. So kann z.B. ein Dokumentenmanagementsystem die Verteilung von explizitem Wissen im Unternehmen unterstützen oder ein Groupware-System[118] den Austausch von implizitem Wissen zwischen den Teilnehmern fördern.

---

[118] Groupware bezeichnet dabei ein „computer-basiertes System, das eine Gruppe von Personen in ihrem Aufgabengebiet oder Ziel unterstützt und eine Schnittstelle für eine geteilte Arbeitsumgebung bietet" übersetzt nach C. A. Ellis, S. J. Gibbs, G.L. Rein (1991)

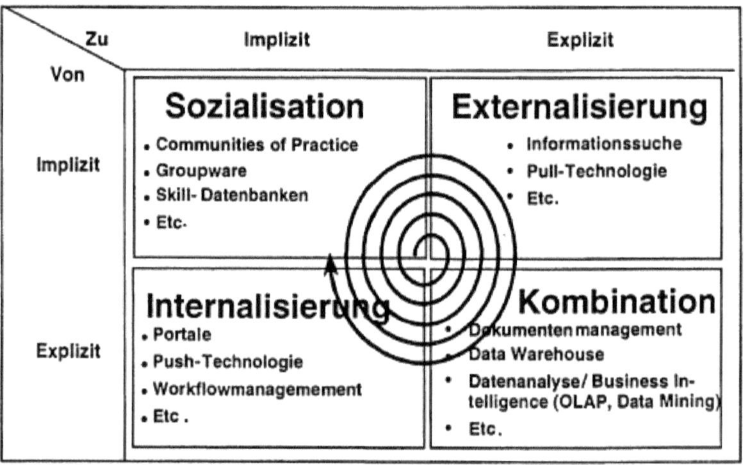

Abbildung 7: Systemseitige Unterstützung der Wissensumwandlungsprozesse
(Quelle: Klosa, O. (2013), S. 85)

Beim Wissenstransfer anzumerken ist, dass rein physisch betrachtet, es immer nur Daten sind, die übertragen werden, da Informationen und Wissen einen Kontext besitzen müssen und an Personen gebunden sind (siehe Kapitel 2.1.2). Es ist aber intuitiv zu verstehen, dass zwischen der einfachen Übertragung von Daten und der "Übertragung" von Informationen und Wissen ein Unterschied existiert. Von Informations- bzw. Wissensübertragung kann immer dann gesprochen werden, wenn der Wissenssender annehmen kann, dass beim Wissensempfänger wiederum Informationen vorliegen bzw. dessen Wissen erweitert wird.[119]

Bei dem Einsatz eines Wissensmanagementsystems, worauf im Laufe der Arbeit eingegangen wird, ist demnach darauf zu achten, dass der Kontext der übertragenen und interpretierten Daten bei Wissenssender und -empfänger gleich oder mindestens ähnlich ist.

2.2.4.2 Die Bausteine des Wissensmanagements nach *Probst, Raub* und *Romhardt*

Die zentrale Aufgabe des Wissensmanagements besteht darin, einen Prozess der organisationalen Wissensnutzung und -schaffung in Unternehmen systematisch zu gestalten. Das weit verbreitete Modell der „Bausteine des Wissensmanagements" (erschienen 1997) von *Probst, Raub* und *Romhardt* gliedert diesen Prozess in sechs

---

[119] Vgl. Klosa, O. (2013), S. 18

Kernfunktionen, welche Interdependenzen untereinander aufweisen. Der Begriff des Wissensmanagements wird dabei anhand dieser vernetzten Bausteine operationalisiert (siehe Abbildung 8). Es zielt darauf ab, Unternehmen einen Leitfaden für ein besseres Verständnis und eine bessere Beschreibung ihrer Wissensprobleme zur Verfügung zu stellen.[120]

In dem Modell erfolgt die Anordnung der Bausteine nach zwei Prinzipien. Ein äußerer Kreislauf enthält die Elemente Zielsetzung und Bewertung des Wissens und ist an den klassischen Managementkreislauf mit Zielsetzung, Planung, Umsetzung und Kontrolle angelehnt.[121] Aufgabe dieses Regelkreises ist es insbesondere, die Wichtigkeit strategischer Aspekte im Wissensmanagement sowie die Bedeutung konkreter Zielsetzungen darzustellen. Darüber hinaus wird die Notwendigkeit, die Möglichkeit der Bewertung auch im Bereich des Wissensmanagements so weit wie möglich durchzuführen, um so eine zielgerichtete Steuerung zu ermöglichen.

Der innere Kreislauf enthält die Bausteine Wissensidentifikation, Wissenserwerb, Wissensentstehung, Wissens(ver)teilung, Wissensbewahrung und Wissensnutzung.

Die Vorteile der Untergliederung des Wissensmanagements in Bausteinen sind zum einen, dass der Managementprozess in logische Phasen gegliedert wird und eine Möglichkeit zur Interventionen gegeben ist. Zum anderen können „Wissensprobleme" im konkreten Feld leichter eingeordnet werden.[122] Gleichzeitig wird betont, dass die einzelnen Bausteine aufeinander einwirken. Die gestrichelten Linien weisen nochmals darauf hin, dass der Prozess nicht linear ablaufen muss und nicht alle Bausteine zum Einsatz kommen müssen.

---

[120] Vgl. Bick, M. (2019)
[121] Vgl. Muchna, C. (2018), S. 89
[122] Vgl. Probst, G.J.B.; Romhardt, K. (1996); Probst, G.; Raub, S.; Romhardt, K. (2013), S. 31

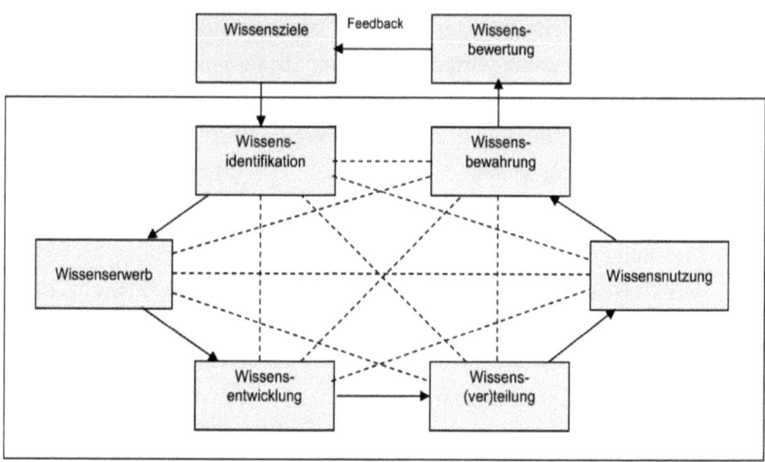

Abbildung 8: Bausteine des Wissensmanagement

(Quelle: Probst, G.; Raub, S.; Romhardt, K. (2013), S. 33)

Wissensziele – Wissensmanagement eine Richtung geben

Bei den *Wissenszielen* kann prinzipiell zwischen normativen, strategischen und operativen Wissenszielen unterschieden werden. Sie geben den Aktivitäten des Wissensmanagements eine Richtung und definieren, auf welchen Ebenen welche Fähigkeiten aufgebaut werden sollen.[123] *Normative Wissensziele* beziehen sich etwa auf den Aufbau einer wissensbewussten Unternehmenskultur, in welcher Weitergabe und Entwicklung der individuellen Fähigkeiten die Voraussetzung für ein effektives Wissensmanagement darstellt.[124] *Strategische Wissensziele* adressieren organisationales „Kernwissen" und beschreiben damit den zukünftigen Kompetenzbedarf einer Organisation.[125] Sie legen ein erwünschtes Kompetenzportfolio für die Zukunft fest. Dabei wird der Fokus auf die langfristige Entwicklung von Kompetenzen gelegt. Durch die wachsende Bedeutung von Wissen als kritische Erfolgsgröße eines Unternehmens erscheint eine Integrierung von Wissenszielen neben den klassischen Zielkategorien wie Umsatzwachstums- oder Marktanteilsziele in den Katalog der Unternehmensziele sinnvoll.[126] *Operative Wissensziele* betreffen die Umsetzung der übergeordneten normativen und strategischen Zielvorgaben. Sie

---

[123] Vgl. Probst, G.J.B.; Romhardt, K. (1996), S. 31

[124] Vgl. Probst, G.J.B.; Romhardt, K. (1996), S. 134

[125] Vgl. Probst, G.J.B.; Romhardt, K. (1996), S. 134

[126] Vgl. Probst, G.J.B.; Romhardt, K. (1996), S. 134

sollen also sicherstellen, dass das Wissensmanagement auch „gelebt" wird. Beispiele für operative Wissensziele sind das Herstellen der Verfügbarkeit aller intern erstellten Dokumente der Organisation auf dem Intranet oder die Festsetzung eines bestimmten zu erlernenden Englisch-Niveaus.[127]

Wissensidentifikation – Informationen über bereits vorhandenes Wissen einholen

Zwar weiß die Personalabteilung oder der Geschäftsführer bzw. einzelne Führungskräfte über die Qualifikationen der Mitarbeiter Bescheid, die Organisation als Ganzes hat jedoch meist keinen Überblick über vorhandene Wissensressourcen. Daher sollte, bevor aufwendige Anstrengungen zum Aufbau neuer Fähigkeiten unternommen werden, Transparenz über die vorhandenen internen und externen Daten, Informationen und Fähigkeiten geschaffen werden. Dies ist Aufgabe der *Wissensidentifikation*. Herrscht Intransparenz über bereits vorhandenes Wissen kann es zu Ineffizienzen oder Doppelarbeiten kommen.[128] In vielen Großunternehmen herrscht Unklarheit, wo sich Informationen oder Experten im Unternehmen befinden. Denn anders als noch vor wenigen Jahren, mangelt es nicht an der Menge an Wissen selbst, sondern am Wissen über die Existenz vorhandenen Wissens.[129] Wissensidentifikation bedeutet aber auch herauszufinden, wo Wissensmangel besteht, denn nur so können vorhandene Wissenslücken geschlossen und fehlende Kompetenzen und Fähigkeiten beschafft werden.[130] Eine Möglichkeit interne Wissenstransparenz zu erreichen, liegt in der Erstellung von Wissenslandkarten. Die Informationstechnologie bietet darüber hinaus die Möglichkeit auf den Zugriff interner, elektronischer Wissenselemente, welche in unterschiedlichen Datentypen vorliegen können. *Probst et al.* betonen jedoch, dass die IT-Lösungen nie alleine die notwendige Transparenz schaffen kann, sondern immer durch den Faktor Mensch ergänzt werden muss.[131] Der Mensch tauscht in persönlichen Gesprächen seine Expertise aus. Die IT kann für den Kommunikationsaustausch z.B. eine geeignete Plattform bieten.

---

127 Vgl. Probst, G.J.B.; Romhardt, K. (1996), S. 134

128 Vgl. Probst, G.J.B.; Romhardt, K. (1996), S. 134

129 Vgl. Lehnert, O. (2010b)

130 Vgl. Forschungsinstitut Betriebliche Bildung (2018)

131 Vgl. Probst, G.J.B.; Romhardt, K. (1996), S. 135

Wissenserwerb – Import von Wissen aus externen Quellen

Gegenstand des Wissenserwerbs ist die Internalisierung externen Wissens. Dies kann beispielsweise durch Rekrutierung neuer Mitarbeiter oder durch Weiterbildungsmaßnahmen mittels externer Berater erfolgen. In Beziehungen mit Kunden und Lieferanten, mit Wettbewerbern sowie auch bei Kooperationspartnern existiert ein erhebliches und häufig ungenutztes Potenzial des Wissenserwerbs. Die Rekrutierung von Experten oder Übernahme von besonders innovativen Unternehmen erweitert die organisationale Wissensbasis und kann identifizierte Wissenslücken füllen.[132]

Wissensentwicklung – Individuelle und kollektive Weiterentwicklung von Wissen

Zentrale Aufgabe der Wissensentwicklung ist die Produktion neuer Fähigkeiten, neuer Produkte, besserer Ideen und leistungsfähiger Prozesse, und somit der Aufbau neuen Wissens. Die Wissensentwicklung stellt damit ein komplementärer Baustein zum Wissenserwerb dar[133], denn während beim Wissenserwerb in erster Linie Wissen von außen in das Unternehmen eingebracht wird, geht es bei der Wissensentwicklung darum, vorhandenes Wissen weiterzuentwickeln und intern neues Wissen zu generieren. Die Wissensentwicklung kann auf individueller Ebene, d. h. durch die Förderung von Kreativität und Problemlösungskompetenz, aber auch auf kollektiver Ebene, z. B. in Form von Teamarbeit, stattfinden.[134]

Wissens(ver)teilung – Technische und organisatorische Strukturen schaffen

Die (Ver-)Teilung von Erfahrungen und Know-how in der Organisation stellt eine zwingende Voraussetzung dar, um isoliert vorhandene Informationen oder Erfahrungen für die gesamte Organisation nutzbar zu machen.[135] Andernfalls ist kein Wissensmanagement möglich. Der Wissenstransfer hat immer unter folgender Leitfrage zu erfolgen: *„Wer sollte was in welchem Umfang wissen oder können und wie kann ich die Prozesse der Wissens(ver)teilung erleichtern?"* [136] So benötigen nicht alle Mitarbeiter dasselbe Wissen. Deshalb ist vor der Verbreitung der intern vorhandenen Wissensbestände eine genaue Analyse vorzunehmen.

---

[132] Vgl. Wissenserwerb

[133] Vgl. Probst, G.; Raub, S.; Romhardt, K. (2013), S. 29

[134] Vgl. Wissenserwerb

[135] Vgl. Probst, G.; Raub, S.; Romhardt, K. (2013), S.31

[136] Vgl. Probst, G.; Raub, S.; Romhardt, K. (2013), S. 30

Dafür sollten intuitiv nutzbare Systeme zur Unterstützung herangezogen werden. Gleichzeitig muss auch eine Kultur entwickelt werden, die die Weitergabe und die Nutzung von Wissen fördert.

Wissensnutzung – Wissen in Nutzen transferieren

Der produktive Einsatz des vorhandenen Wissens zum Nutzen der Unternehmung ist das Ziel des Wissensmanagements. Nur wenn die Mitarbeiter bereit sind, Wissen anderer mit dem Ziel der Wertschöpfung zu nutzen, kann Wissensmanagement seine Wirkung erzielen.

Wissensbewahrung – Wissen selektieren, dokumentieren und aktualisieren

Die Aufgabe der Wissensbewahrung besteht darin, das erworbene Wissen personenübergreifend verfügbar zu machen und so Wissensverlusten vorzubeugen. Eine gezielte Bewahrung des unternehmenskritischen Wissens erfordert die Unterstützung durch das Management. Insbesondere bei Reorganisationen geht vielen Unternehmen ein Teil ihres Gedächtnisses verloren.[137]

Wissensbewertung – Wissen messen und bewerten

Ausgehend von den formulierten Wissenszielen sind entsprechende Methoden zur Bewertung des Erfüllungsgrades der normativen, strategischen und operativen Wissensziele notwendig. Im Wissensmanagement lässt sich für die Erfolgsmessung nicht auf ein erprobtes Instrumentarium von Indikatoren zurückgreifen, und der Erfolg von Interventionen ist aufgrund der nicht-monetären Ergebnisgrößen nur schwer abschätzbar. Im Laufe der Zeit wurden verschiedene Ansätze zur Wissensbewertung mit unterschiedlichen Ergebnisfokus entwickelt. Die *Balanced Scorecard* nach *Norton* und *Kaplan* versucht beispielsweise eine Verbindung zwischen den langfristigen Unternehmenszielen und den operativen Eingriffen in die organisatorische Wissensbasis herzustellen.[138]

---

137 Vgl. Probst, G.; Raub, S.; Romhardt, K. (2013), S. 30
138 Vgl. North (1999), S. 194-196

2.2.4.3 Das „Technik-Organisation-Mensch"-Modell nach *Bullinger et. al.*

Das Wissensmanagement entstand aus den Denkansätzen des Informationsmanagements und der Lernenden Organisation[139], beinhaltet jedoch auch vermehrt Aspekte der Psychologie und Soziologie.[140] Es wird daher als interdisziplinäres Forschungsgebiet betrachtet.

Die Erfahrungen der letzten Jahre zeigen, dass die Umsetzungsschwierigkeiten des Wissensmanagements u. a. mit dem Irrglauben einhergehen, Wissensmanagement identisch sei mit elektronischem Daten- und Informationsmanagement.[141] Gemäß dieser Perspektive wurde in vielen Unternehmen der Informatikabteilung die Verantwortung für das Wissensmanagement übertragen und hohe Investitionen in Software eingelastet. Trotzdem blieb der gewünschte Erfolg zur Verbesserung der Geschäftsprozesse aus.[142] Als Grund kann die falsch zugewiesene Aufgabe der Informations- und Kommunikationstechnik im Rahmen eines Wissensmanagement genannt werden. Technologie allein kann kein Wissen generieren, vielmehr ist es ein Unterstützungsmittel für den Transfer und die Bewahrung von Informationen. Wissen ist jedoch handlungsorientiert und an den Menschen gebunden.[143] Die Einbindung des Faktors „Mensch" sowie die Berücksichtigung der individuellen und organisationalen Kultur sind daher für ein erfolgreiches Wissensmanagement essentiell.[144]

Das Augenmerk der folgenden Betrachtungen liegt auf dem holistischen Ansatz, welcher das Wissensmanagement als ganzheitliches Konstrukt betrachten.[145] Wesentliche Elemente des ganzheitlichen Wissensmanagements lassen sich aus dem folgenden Zitat entnehmen[146]:

> „Strategisch greift Wissensmanagement in die Unternehmenskultur ein, sattelt auf technologische Komponenten auf und setzt auf organisationale Prozesse der ‚Umwandlung von Wissen'".

---

139 Vgl. Schreyögg, G.; Geiger, D. (2003), S.3f.

140 Vgl. Romhardt, K. (1998), S. 10f.

141 Vgl. zitiert nach Jung, R.; Myrach, T. (2008), S. 327

142 Vgl. Jung, R.; Myrach, T. (2008), S. 327

143 Vgl. Probst, G.; Raub, S.; Romhardt, K. (2013), S. 25

144 Vgl. Jung, R.; Myrach, T. (2008), S. 329

145 Vgl. Kusterer, S. (2008), S. 31

146 Katenkamp, O. (2011), S. 41

Die hervorgehobenen Charakteristika des ganzheitlichen Wissensmanagements entsprechend dem Modell nach *Bullinger et al.*, welches die drei Dimensionen *Mensch, Technologie und Organisation* umfasst, weshalb es auch als *TOM-Modell* bezeichnet wird. Diese drei Faktoren werden dabei als komplexes Wirkungsgefüge betrachtet, wonach sich Maßnahmen einzelner Faktoren auf das komplette System auswirken.[147]

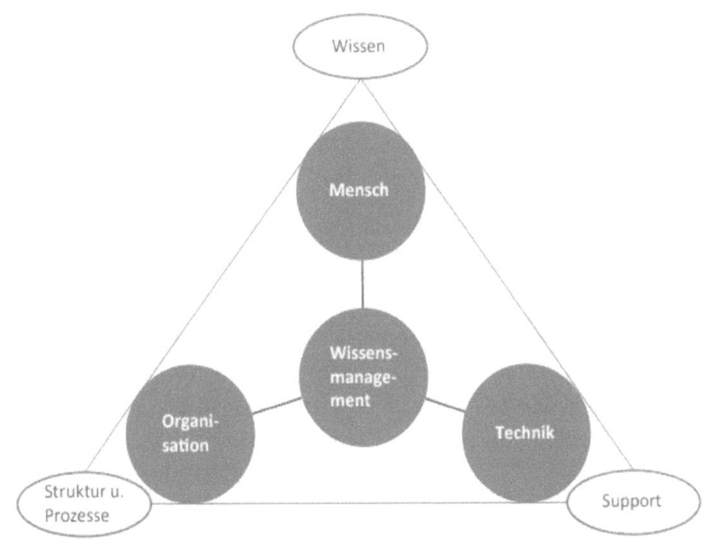

Abbildung 9: Interventionsebenen des betrieblichen Wissensmanagements
(Quelle: Sauter, W.; Scholz, C. (2015), S. 5)

Die Dimension der *Technologie* beleuchtet insbesondere die Implementierung von Informationstechnik, um Wissen im Unternehmen schnell zu verteilen und zur Verfügung zu stellen.[148] Die Generierung und Evaluierung neuen Wissens kann jedoch nur durch den *Menschen* erfolgen, indem er sein Wissen, all seine Erfahrung und Kompetenzen in den Arbeitsprozess einbringt. Der Organisation kommt schließlich die Aufgabe zu, erforderliche Strukturen und Prozesse zur Verfügung zu stellen[149], in welchem Menschen unter Einbeziehung von Technologie einen Raum zur Entwicklung des Wissens finden.

---

[147] Vgl. Breitmeier, J. (2015), S. 38
[148] Vgl. Kusterer, S. (2008), S. 31
[149] Vgl. Sauter, W.; Scholz, C. (2015), S. 5

Zum erfolgreichen Wissensmanagement gehört demnach mehr, als nur die Einführung von Informations- und Kommunikationstechnologien. Beispielsweise kann der Einsatz eines Intranets oder eines Datenbanksystems ein entscheidendes Element darstellen, was aber ohne begleitende Maßnahmen wenig erfolgversprechend ist.[150] Aus diesem Grund spielen zudem Randbedingungen und einer Kultur, welche die Mitarbeiter im Unternehmen dazu veranlassen, ihr Wissen zu teilen, eine wichtige Rolle.

2.3 Wissensmanagementsysteme

> „Technology by itself will be insufficient to create and sustain knowledge management; however, it is highly unlikely, if not impossible, to implement a knowledge management infrastructure without the support of technology."[151]

In der vorherigen Betrachtung wurden primär theoretisch orientierten Wissensmanagementmodelle vorgestellt. Zur praktischen Umsetzung und Etablierung innerhalb einer Organisation werden aber nicht nur Prozessanpassungen, sondern in der Regel auch eine geeignete technische Infrastruktur benötigt. Auch wenn, wie im letzten Abschnitt erwähnt, der Faktor Mensch und die Frage nach der Organisationsgestaltung eine wichtige Rolle im Zusammenhang mit dem Erfolg von Wissensmanagement-Initiativen spielt, werden im weiteren Verlauf aufgrund der Ausrichtung der Arbeit insbesondere die IT-basierten Methoden und Systeme weiter fokussiert.

Die Möglichkeiten der softwaretechnischen Unterstützung des Wissensmanagement werden daher im folgenden Abschnitt detailliert dargestellt. Zur Einführung in die Thematik der Wissensmanagementsysteme wird zunächst der Begriff der Informationssysteme im Allgemeinen aufgegriffen. In der Literatur finden sich viele uneinheitliche Bezeichnungen von Informationssystemen zur Umsetzung von Wissensmanagement wie Werkzeuge für das Wissensmanagement[152], Knowledge Management Tools[153], Wissensmanagementsysteme[154], Wissensmanagement-

---

150 Vgl. Bullinger, H. J.; Warschat, J.; Prieto, J. et al. (1998), S. 8

151 Serban, A. M.; Luan, J. (2002), S. 85

152 Vgl. z.B. Lehnert, O. (2010b); Krcmar, H.; Böhmann, T. (2013)

153 Vgl. Corso, M.; Martini, A.; Pellegrini, L. et al. (2003)

154 Vgl. Maier, R. K.; Klosa, O. (1999)

Suiten[155], wissensbasierte Informationssysteme[156], Information Technology for Knowledge Management oder Organisational Memory Systeme[157]. Ein Grund hierfür ist in den unterschiedlichen Entwicklungsrichtungen der zahlreichen Konzepte im Wissensmanagement zu nennen. So haben sich z.B. Konzepte aus diversen Wissenschaftsdisziplinen, wie der Organisationslehre, der Wirtschaftsinformatik oder der Personallehre heraus entwickelt.[158] Die Bezeichnungen wurden daraufhin auf die unterschiedlichen Blickrichtungen angepasst.

Da demnach in der Literatur noch keine Einigkeit über die Bezeichnung und die genaue Spezifikation für diese speziellen Informationssysteme im Wissensmanagement herrscht, folgt im Anschluss eine notwendige Begriffsbestimmung eines „Wissensmanagementsystem", welche für diese Arbeit gelten soll.

2.3.1 Begriffserläuterung Informationssystem

Das starke Interesse an Wissensmanagement ist eng mit der Entwicklung in der Informations- und Kommunikationstechnik geknüpft.[159] Unter dem Begriff der Informationssysteme (IS) lassen sich computergestützte Systeme, in denen Menschen, Anwendungen und Technik (Hard- und Software), bedingt durch betriebliche Fragestellungen miteinander in Beziehung stehen, subsumieren.[160] Alle Systeme erfordern den Austausch von Informationen mittels Kommunikation (Nachrichtenübermittlung), weshalb IS auch als Informations- und Kommunikationssysteme (IuK-Systeme) bezeichnet werden.[161] Dieser Begriff soll die Verwendung der Kommunikationstechnologien verdeutlichen. Im weiteren Verlauf der Arbeit wird der abgekürzte Begriff Informationssystem für jegliche Informations- und Kommunikationssysteme verwendet.

Ein Informationssystem, welches in betriebswirtschaftlichen Organisationen eingesetzt wird, dient der Aufnahme, Speicherung, Verarbeitung und Ausgabe unternehmerischer Informationen[162] und unterstützt zudem die Kommunikation und

---

155 Vgl. Seifried, P.; Eppler, M. J. (2000)

156 Vgl. Bucher, M.; Bullinger, H.-J.; Müller, M. (2001)

157 Vgl. Lehnert, O. (2010b)

158 Vgl. zitiert nach Klosa, O. (2013), S. 40

159 Vgl. Frey-Luxemburger, M.; Bischoff, R. (2014), S. 34

160 Vgl. Bach, W. (2014), S. 14

161 Bach, W. (2014)

162 Vgl. Brenner, W. (2013), S. 13

Nutzung der Daten, Informationen und Wissen sowie deren Transformation.[163] Unter, insbesondere ökonomischen Kriterien, sollen Unternehmensprozesse mittels IS automatisiert, integriert und virtualisiert werden.[164] IS leisten durch ihren Einsatz einen Beitrag zur Entscheidungsfindung, Koordination, Steuerung und Kontrolle von Wertschöpfungsprozessen in Unternehmen.[165] Somit kann man IS als das Zusammenwirken menschlicher und technischer Teilsysteme betrachten (siehe Abbildung 10).[166]

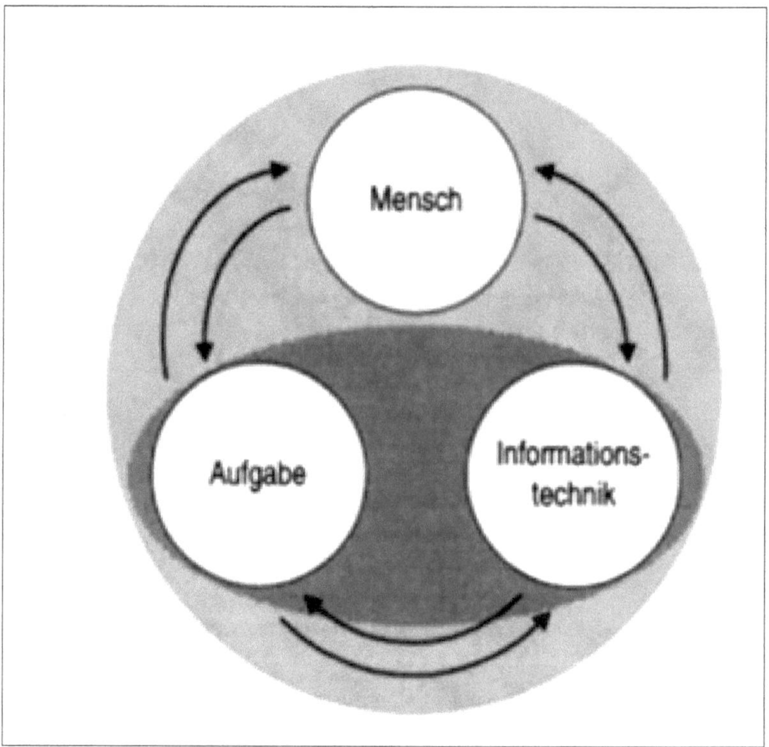

Abbildung 10: Komponenten eines betrieblichen Informationssystems
(Quelle: Teubner, R. A. (2013), S. 20)

---

[163] Vgl. Krcmar, H. (2015), S. 22

[164] Vgl. Krcmar, H. (2015) S. 22

[165] Vgl. Krcmar, H. (2015), S. 22

[166] Vgl. Bach, W. (2014), S. 15

Im Unterschied dazu sind Anwendungssysteme (AS) ein Teilbereich der Informationssysteme, welche sich durch das Fehlen der Komponente Mensch auszeichnen.[167] Beispiele von herkömmlichen IS-Systemen zur Unterstützung der Ziele im Wissensmanagement sind Portale, E-Mail-Systeme, Chat-Werkzeuge und Groupware-Systeme.

Abbildung 11 lässt erkennen, dass Informationssysteme im Rahmen des Wissensumwandlung (siehe Kapitel 2.2.4.1) die Formen *Externalisierung, Kombination und Internalisierung* adressieren und damit den Wissensaustausch auf expliziter Ebene unterstützt.

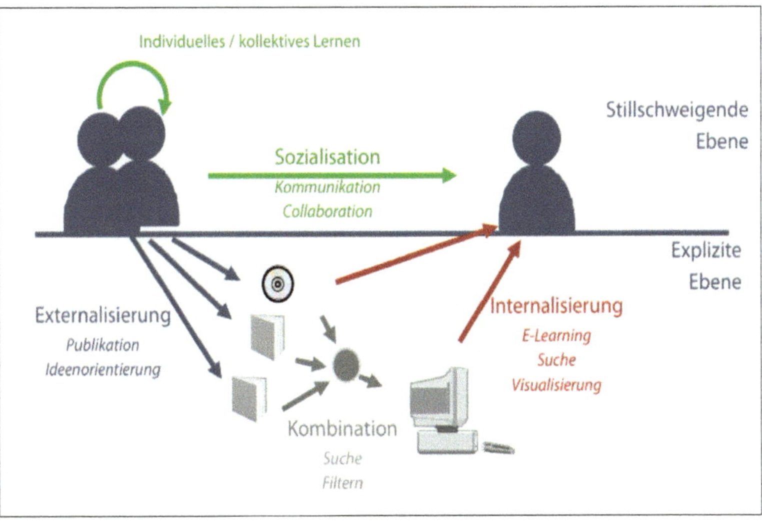

Abbildung 11: Förderung des Wissensmanagements durch Informationssysteme
(Quelle: in Anlehnung an Nüttgens, M.; Scheer, A.-W.; Wolf, T. et al. (1999))

Es ist zu beachten, dass Informationssysteme für das Wissensmanagement und auch Wissensmanagementsysteme (siehe kommender Abschnitt) im Sinne einer technischen Infrastruktur gemäß der in dieser Arbeit geltenden Wissensdefinition ausschließlich Daten und Informationen speichern und verarbeiten. Allenfalls sind Referenzen auf stillschweigendes Wissen (bzw. *tacit knowledge*), wie etwa durch Speicherung in Wissensprofilen, berücksichtigt.

---

[167] AS sind softwareseitige Umsetzungen betrieblicher Aufgaben, Daten und Funktionen, welcher miteinander verknüpft sind. (Vgl. Bach, W. (2014), S. 15)

2.3.2 Begriffserläuterung Wissensmanagementsystem

Ein Wissensmanagementsystem (kurz WMS; engl. *Knowledge Management System*) bietet dem Wissensmanagement zum systematischen Umgang mit der Ressource Wissen die informationstechnische Unterstützung[168] und gilt als *„Enabling-Faktor"* zur Umsetzung des Wissensmanagement in der Praxis.[169] Eine konkrete Abgrenzung von WMS stellt sich als schwierig heraus, da Hersteller vieler verschiedener traditioneller Systeme diese um Funktionen zur Unterstützung des Wissensmanagement erweitern.[170]

Im Grundkern sind WMS eine Kombination zuvor separater Funktionen unter dem Blickwinkel ihres gezielten Einsatzes im Umfeld von Wissensmanagement.[171] Diese Systeme unterstützen durch Informations- und Kommunikationstechnik Aufgaben im Wissensmanagement wie z.B. die Suche, Identifikation und Speicherung von Wissenselementen. Für die umrissenen Aufgaben (und weitere) existieren eigenständige Softwarelösungen, aber erst die *Integration* dieser Informationssysteme mit Funktionen für das Wissensmanagement bilden ein Wissensmanagementsystem.[172] Dies impliziert, dass ein Wissensmanagementsystem auch aus einer Menge von gekoppelten Anwendungen bestehen kann. Hierbei ist zu berücksichtigen, dass sich dieses System nicht separat zu den bestehenden Geschäftsprozessen etabliert, sondern diese gezielt unterstützen und begünstigen. Die Integration der Systeme findet auf einer gemeinsamen Plattform, wie z.B. das Intranet oder Groupware-Systeme statt.[173] *Maier* drückt dies in einer umfassenden Form aus[174]:

> „A knowledge management system (KMS) is an ICT system in the sense of an application system or an **ICT platform** that combines and integrates functions for the **contextualized** handling of both, explicit and tacit knowledge, throughout the organization or that part of the organization that is targeted by a KM initiative".

---

[168] Vgl. zitiert nach Lewandowski, L. (2005), S. 1

[169] Vgl. Maier, R. (2007), S. 21

[170] Vgl. Maier, R.; Hädrich, T. (2001), S. 498

[171] Vgl. Maier, R.; Hädrich, T. (2001), S. 498

[172] Vgl. zitiert nach Gronau, N. (2009), S. 10

[173] Vgl. Klosa, O. (2013), S. 38

[174] Vgl. Maier, R. (2007), S. 86

Maier bezeichnet demnach Informationssysteme als WMS, welche direkt beim Umgang mit explizitem und implizitem Wissen helfen. Dabei sind die Systeme nicht auf die Erfassung und Ausgabe von Informationen limitiert. *Lehner* hebt die umfassenden Funktionen für Hilfestellungen von Individuen und Teams hervor, welche idealerweise ein WMS aufweisen sollte[175]:

> „Ein Wissensmanagementsystem (WMS) ist ein softwaretechnisches System, das [..] Funktionen zur Unterstützung der Identifikation, des Erwerbs, der Entwicklung, Verteilung, Bewahrung und Bewertung von Wissen (Information plus Kontext) bereitstellen sollte."

Gemäß dieser Definition erscheint ein WMS prinzipiell flexibel einsetzbar, ist aber gleichzeitig nicht einfach durch eine allesumfassende Softwarelösung abzubilden.[176] Obgleich durch den Begriff Wissensmanagementsystem ein einziges in sich abgeschlossenes System suggeriert wird, setzt sich dieses in der Praxis, wie bereits erwähnt, eher aus unterschiedlichen Teilsystemen zusammen.[177]

Außerdem ist der *unternehmensweite Fokus* eines Wissensmanagement entscheidend, um es von anderen Systemen abzugrenzen.[178] So kann z.B. eine Brainstorm-Software ein einzelnes Team bei der Generierung von neuem Wissen unterstützen. Da diese Systeme allerdings nur einen begrenzten Teilnehmerkreis für eine bestimmte Aufgabe unterstützen, handelt es sich hierbei nicht um ein WMS.

Lehner bezeichnet die Entwicklung derartiger Systeme für erheblich komplexer als die Entwicklung herkömmlicher Informationssysteme, weil bestehende Modellierungs- und Planungsmethoden erweitert und ein Bezug zu modernen Managementansätzen (z.B. Business Process Reengineering, Prozessorganisation, Unternehmensmodellierung) hergestellt werden muss.[179]

---

[175] Lehner, F. (2014), S. 288. *Lehner* definiert hier Wissen als „Information plus Kontext". Dies entspricht der Definition dieser Arbeit, welche in Kapitel 2.1.2 vorgestellt wurde. Die genannten Funktionen entsprechen den Bausteinen des Wissensmanagements nach *Probst et al.* (Kapitel 2.2.4.2).

[176] Vgl. Dornhöfer, M.-J. (2017), S. 52

[177] Vgl. Frey-Luxemburger, M.; Bischoff, R. (2014), S. 72

[178] Vgl. Klosa, O. (2013), S. 46

[179] Vgl. Lehner, F. (2014), S. 4

2.3.3 Funktionale Anforderungen

Mit der Einführung eines Wissensmanagementsystems wird das Ziel verfolgt, die Defizite in der Informationsverteilung, der Kollaboration und der Suche nach Informationen und Ansprechpartner zu beseitigen und dadurch das organisatorische Lernen zu unterstützen.[180] Darüber hinaus soll ein Wissensmanagementsystem die Möglichkeit bieten, Dokumente und Informationen einfach und zentral zu publizieren. Zusätzlich sollen nach der Definition im vorherigen Abschnitt bestimmte im Einsatz befindliche Systeme, wie z.B. Datenbankmanagementsysteme in das Wissensmanagementsystem auf einer gemeinsamen Plattform integriert werden und somit alle Daten und Informationen, die diese speichern, zentral zur Verfügung stehen. Dadurch sollen Systembrüche vermieden werden und „durchgängige, an den Geschäftsprozessen orientierte Systeme zur Verfügung [stehen; *Anm. d. Verf.*] [..], die eine wissensbasierte Abwicklung der Prozesse ermöglichen".[181]

Die *gemeinsame Plattform* bzw. der gemeinsame Zugriff auf die Ressourcen im WMS ist essentiell, da im Wissensmanagement die Teilnehmer sowohl über die Eingabe ihres Wissens als auch über die Kommunikation mit anderen Teilnehmern aktiv am Wissensmanagement teilnehmen sollen. Weitere funktionale Anforderungen, die ein WMS erfüllen sollte, lassen sich aus dem Wissensmanagement-Modell nach *Probst et. al.* ableiten, welches bereits in Kapitel 2.2.4.2 ausführlich dargestellt wurde. Die Wissensmanagementsystem-Definition nach *Lehner* (siehe vorheriger Abschnitt) macht dies deutlich.

Mertens gibt in seinem *Lexikon der Wirtschaftsinformatik* Beispiele für eine mögliche IT-Unterstützung der verschiedenen Bausteine im Wissensmanagement-Modell *von Probst et. al.* an (siehe Abbildung 12). Aufgabe des WMS ist die wie bereits erwähnte möglichst komfortable Integration dieser Anwendungen. Eine ausführliche Beschreibung der Beispiele findet sich bei *Klosa*.[182]

---

[180] Vgl. Klosa, O. (2013), S.

[181] Vgl. Frey-Luxemburger, M.; Bischoff, R. (2014), S. 72

[182] Vgl. Klosa, O. (2013), S. 44ff.

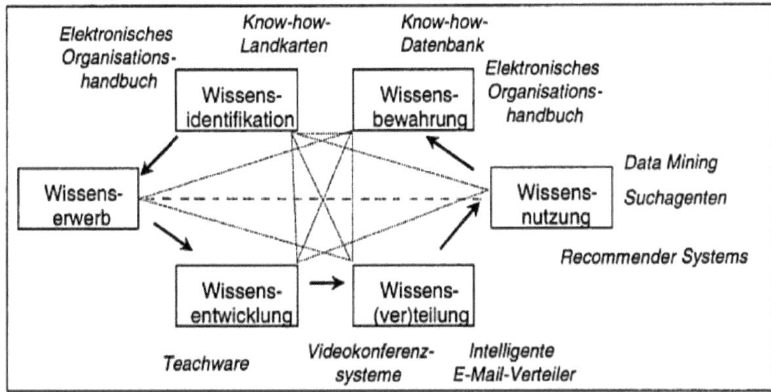

Abbildung 12: Möglichkeiten der IT-Unterstützung im Probst-Modell
(Quelle: zitiert nach Klosa, O. (2013), S. 36)

Bei der Verarbeitung in einem WMS kann das (explizierbare) Wissen neben der Extraktion und Aufbereitung aus elektronischen Datenbanken zudem beispielsweise aus Büchern und audiovisuellen Inhalten (Bilder, Tonaufzeichnungen oder Filme) importiert werden.[183]

2.3.4 Auswahl einer Referenzarchitektur für diese Arbeit

Informationssysteme und (insbesondere WMS) können sehr umfangreich und entsprechend komplex sein. Mit dem Einsatz wickeln heutige Unternehmen zentrale Aufgaben ab und sind daher auf ihre ordnungsmäßige Funktion fundamental angewiesen. Dies verdeutlicht, dass für die Erstellung von Informationssystemen ein planerisches Vorgehen notwendig ist.[184] Ein zentrales Mittel dieser Planung ist die *Architektur:*

> „Architekturen im Allgemeinen dienen dazu, Aussagen über die Gesamtstruktur und die Elemente eines Systems zu gewinnen, beispielsweise über Material und Zusammensetzung, Funktion, Form und Bauweise".[185]

---

[183] Vgl. Scholz, C. (2009)

[184] Vgl. Riempp, G. (2012), S. 112

[185] Vgl. zitiert nach Klosa, O. (2013), S. 54

In der Wirtschaftsinformatik werden Architekturmodelle eingesetzt, um u.a. den Gesamtzusammenhang der erkenntnisrelevanten Objekte, ihrer Funktionen, Schnittstellen und Beziehungen zu beschreiben.[186] Derartige Architekturmodelle, welche den Aufbau von Wissensmanagementsystemen beschreiben, können zum einen in der Literatur und zum anderen bei Produktbeschreibungen von Wissensmanagementsystemen gefunden werden.

Im Folgenden werden zunächst zwei unterschiedlichen Architekturtypen vorgestellt, welche beim Aufbau eines WMS zur Klassifizierung dienen können. Im Anschluss werden ausgewählte Architekturmodelle aus der Literatur angerissen, sowie die Auswahl einer für den weiteren Verlauf der Konzeption in dieser Arbeit sinnvollen Architektur erörtert und begründet.

2.3.4.1 Architekturtypen

Wie bereits erwähnt wird der Begriff „Wissensmanagementsystem" in der wissenschaftlichen Literatur uneinheitlich für Lösungen mit heterogenem Funktionsumfang verwendet. Dies ist unter anderem auf die differenzierten Zielsetzungen des Wissensmanagements zurückzuführen.

Im Wissensmanagement sind u.a. zwei konträre Strategien bekannt[187]: *Kodifizierung* und *Personalisierung*.[188] Hintergrund der Kodifizierungsstrategie ist es, durch den Einsatz von Informations- und Kommunikationstechnologien bestehendes Wissen zu externalisieren und abzulegen, sodass das Wissen zu einem späteren Zeitpunkt sowohl genutzt als auch verteilt werden kann. Die Personalisierungsstrategie zielt hingegen auf den direkten Wissenstransfer der Individuen ab und stellt daher den Menschen als Wissensträger in den Mittelpunkt; die technischen Aspekte der Kodifizierungsstrategie werden hingegen vernachlässigt. In der Praxis sind beide Strategien sowie insbesondere Mischformen vorzufinden. Eine Übersicht über mögliche Methoden des Wissenstransfer bietet Abbildung 13.

---

[186] Vgl. Klosa, O. (2013), S. 54

[187] Vgl. Morten T. Hansen; N. Nohria; Thomas Tierney (1999), S. 112ff.

[188] In der deutschsprachigen Literatur werden die beiden Ansätze häufig als technikorientiertes bzw. humanorientiertes Wissensmanagement bezeichnet. Ein integrativer Ansatz ist Kapitel 0 zu entnehmen.

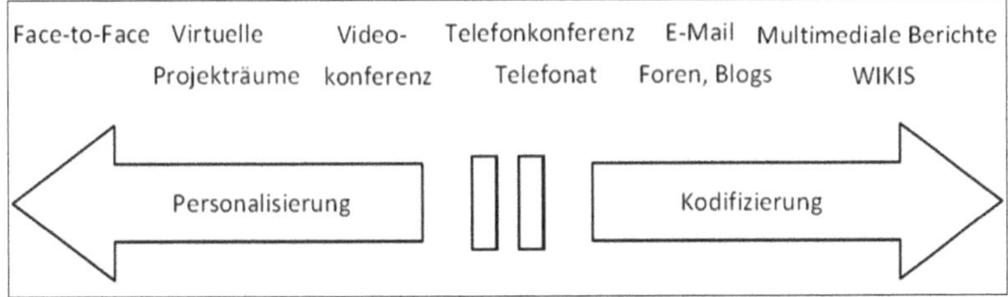

Abbildung 13: Methoden des Wissenstransfers im Überblick
(Quelle: Thiel, M. (2013), S. 36)

Diese Vielfalt wird auf die Systemseite übertragen.

Zack teilt WMS in zwei Architekturtypen ein[189]. Auf der einen Seite stehen integrative Anwendungen[190], welche dadurch charakterisiert sind, dass Wissensproduzenten und Wissenskonsumenten von Dokumenten, statt untereinander, direkt mit diesen Anwendungen interagieren. Das bedeutet, der Wissensaustausch wird durch die Anreicherung des expliziten Wissens im Kontext unterstützt (z.B. Taxonomien, Anwendungsbezug, Experten, Communities). Beispielsweise werden Dokumente von Mitarbeitern in der Anwendung hineingestellt und von anderen Mitarbeitern wiederverwendet. Zack spricht in diesem Fall von Repositories[191]. Das integrative WMS entspricht der Kodifizierungsstrategie, da es auf die Ablage des Wissens der Wissensträger in Repositories abzielt.[192]

Davon zu unterscheiden sind interaktive Anwendungen[193], worin das primäre Ziel es ist, die Interaktion zwischen Personen zwecks des Austauschs hauptsächlich impliziten Wissens zu ermöglichen. Interaktiven WMS lässt sich die Personalisierungsstrategie zuordnen[194], da der Fokus auf die Unterstützung des Wissensaustausches zwischen Personen gelegt wird und das gespeicherte Wissen eher als „Nebenprodukt" aufgefasst wird.[195] Eine interaktive Beispielanwendung sind Foren, in welcher die Nutzer Diskussionen zu bestimmten Themen führen, Fragen stellen oder ihr eigenes Fachwissen präsentieren.

---

[189] Vgl. Zack, M. H. (1999)

[190] Vgl. Zack, M. H. (1999), S. 50f.

[191] Was frei übersetzt mit Datenbank gleichzusetzen ist.

[192] Vgl. Maier, R.; Hädrich, T. (2001), S. 498

[193] Vgl. Zack, M. H. (1999), S. 50

[194] Vgl. Maier, R.; Hädrich, T. (2001), S. 498

[195] Vgl. Lupprian, U. (2002), S. 75

Allgemein wird durch die Nutzung integrativer Anwendung die Verteilung von explizitem Wissen erzielt, während mit Hilfe interaktiver Anwendungen Teile impliziten Wissens übertragen werden sollen.[196]

2.3.4.2 Architekturmodelle von Wissensmanagementsystemen

In der wissenschaftlichen Literatur werden eine Vielzahl von IT-Architekturen für WMS beschrieben. Die Softwarearchitekturen haben zum Zweck, die Komponenten des Systems sowie deren Schnittstelle und Interaktion darzustellen.[197] Nach *Scheer* beschreibt eine IS-Architektur "*die einzelnen Bausteine, aus denen ein Informationssystem besteht, hinsichtlich ihrer Art, funktionalen Eigenschaften und ihres Zusammenwirkens*".[198]

Im Folgenden sollen zunächst ausgewählte Architekturen für WMS vorgestellt und im Anschluss eine Referenzarchitektur für diese Arbeit ausgewählt werden.

Die Architektur eines Wissensmanagementsystems des Beratungshauses *Ovum* aus dem Jahr 1988 hat großen Anklang in der Literatur gefunden und die Konzepte finden sich auch noch in aktuellen Architekturen wieder.[199] Der neu eingeführte Aspekt war das einheitliche Repository, welches bereits vorhandene Informationen aus unterschiedlichen Informationsquellen zusammenfasst. Außerdem sind die beiden Wissensmanagementstrategien, welche im vorherigen Abschnitt dargestellt wurden, berücksichtigt. So stellen die *„Discovery Services"* Funktionen zur Navigation und Suche von kodifiziertem Wissen dar, während die *„Collaboration Services"* Instrumente zur Kommunikation beinhalten.

---

[196] Vgl. Lupprian, U. (2002), S. 76

[197] Vgl. Gronau, N. (2009), S. 10

[198] Vgl. Scheer, A. W. (2013), S. 1

[199] Vgl. zitiert nach Gronau, N. (2009), S. 10

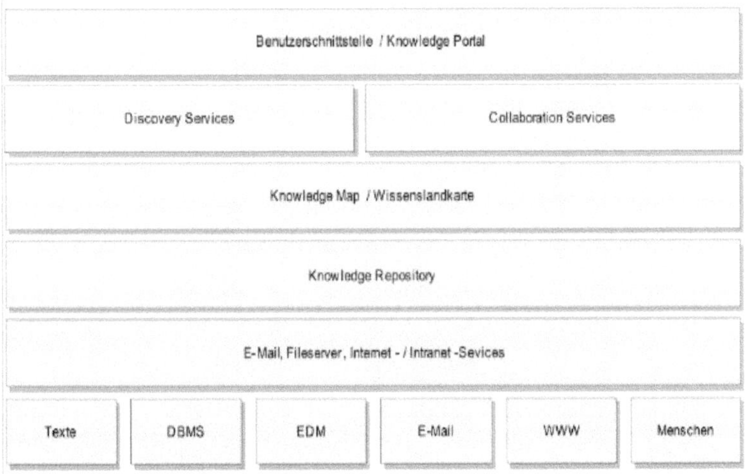

Abbildung 14: Architektur eines WMS nach Ovum
(Quelle: Gronau, N. (2009), S. 10)

Ausschlaggebender Kritikpunkt ist, dass in diesem Modell keine Aussagen zur Integration in Geschäftsprozessen bzw. in die Wissensmanagementprozesse gemacht wird.

Maier liefert mit seiner Architektur für ein zentrales Wissensmanagementsystem ein weiteres Architekturmodell für WMS.[200] Hier wird besonders die Rolle der Personalisierungsdienste also die mittels Anwenderprofilen personalisierte Sicht auf die Inhalte betont. Jedoch bleibt auch hier der Wissensmanagementprozess weitgehend unberücksichtigt (siehe Abbildung 16).

---

[200] Maier, R. (2007)

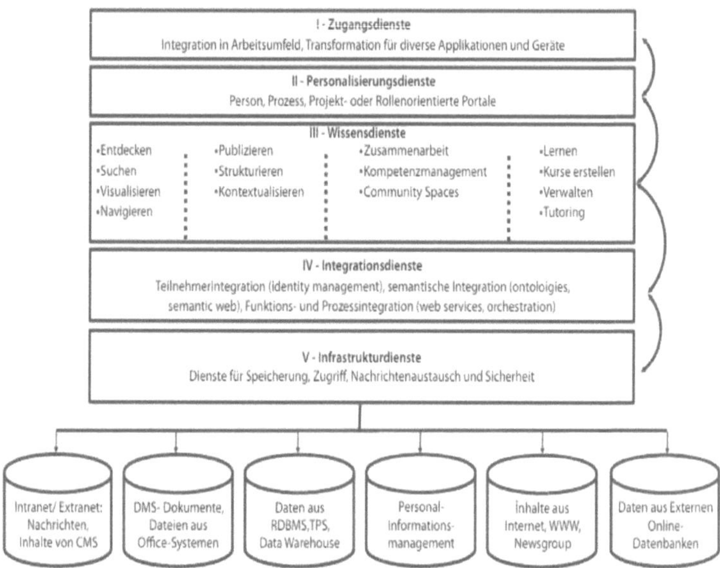

Abbildung 15: Architektur eines zentralen Wissensmanagementsystems
(Quelle: Maier, R. (2007))

Im Unterschied zu den beiden vorgestellten Architekturmodellen, stellt *Riempp* Wissensmanagementsysteme als Summe von integrierten Anwendungen dar (siehe Abbildung 16). In seinem Vorschlag zur demnach benannten Architektur eines *integrierten Wissensmanagementsystems* wird sowohl die Verbindung der verschiedenen Komponenten eines WMS untereinander als auch die Verknüpfung zwischen den Ebenen der *Strategie, der Prozesse* und der *Informationssysteme*, sprich die Einbettung von WMS in das Zielgerüst und in die Geschäftsprozesse von Organisationen adressiert. Die einzelnen Elemente des Modells werden im Folgenden näher beschrieben.

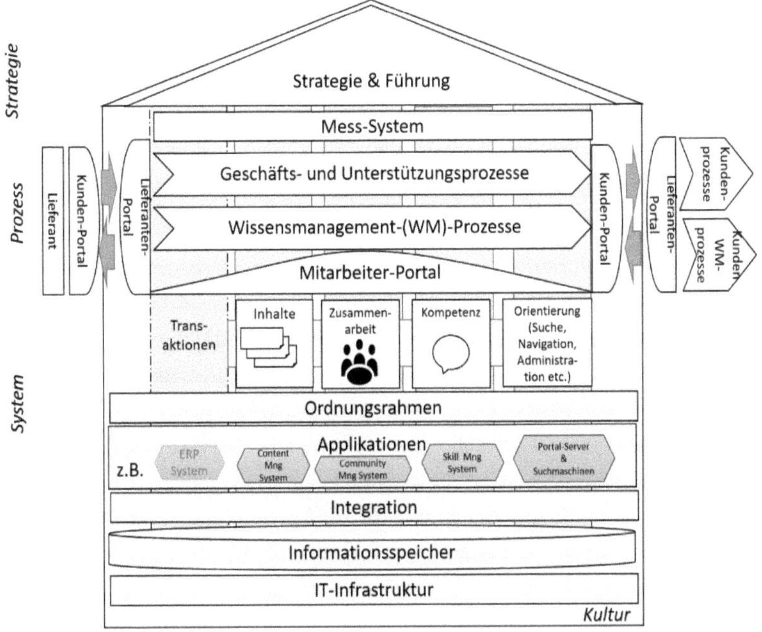

Abbildung 16: Architektur für integrierte Wissensmanagement-Systeme
(Quelle: Eigene Darstellung nach Riempp, G. (2012), S. 126)

Die *Strategie-Ebene* enthält im Element „Strategie & Führung" die Geschäftsstrategie und die ihr untergeordnete *WM-Strategie* mit den jeweils *zugehörigen Zielen* sowie die Führungsorganisation. Die Wissensmanagement-Strategie ist dabei eine Substrategie der Geschäftsstrategie und konkretisiert die strategischen Ziele in Form von WM-Zielen.[201] Das Element „Mess-System" enthält die Führungsgrößen und dient zur Erhebung von Indikatoren über die Entwicklung der identifizierten kritischen Erfolgsfaktoren und erlaubt so Aussagen über die Erreichung der jeweiligen Ziele.

Auf der *Prozess-Ebene* liegen die Geschäftsprozesse (bspw. aus den Bereichen Entwicklung, Produktion oder CRM) sowie die Unterstützungsprozesse (u.a. aus den Bereichen IT, HR oder Finanzen). Aus dem Bereich der Unterstützungsprozesse besonders hervorgehoben sind die *WM-Prozesse*. Diese Geschäfts- und

---

[201] Vgl. Riempp, G. (2012), S. 129

Unterstützungsprozesse sind mit den Lieferanten und Kunden entlang der Wertschöpfungskette verbunden, in die das Unternehmen eingebunden ist.[202]

Die *Portale* für Mitarbeiter, Kunden und Lieferanten umfassen computergestützte Funktionen und Dienste für die integrierte Erledigung der verschiedenen Aufgaben in den jeweiligen Prozessen unter einer einheitlichen Benutzeroberfläche. Als lokale oder mobile Endgeräte für die Bereitstellung der Portal-Funktionen dienen PCs, Notebooks, WAP-fähige, Mobiltelefone, Smartphones etc.

Das *integrierte Informationssystem* ist aus Sicht des Wissensmanagements in fünf wesentliche Bereiche (oder "Säulen") gegliedert. Dabei sind in der Säule "Transaktionen" solche Funktionen gebündelt, welche zur Erledigung von Aufgaben wie Buchungen, Zahlungen etc. in den Geschäfts- und Unterstützungsprozessen notwendig sind. Üblicherweise werden sie von ERP-Systemen sowie SCM- und CRM-Systemen bereitgestellt.[203] Da solche Funktionen nicht Teil des Wissensmanagements im eigentlichen Sinne sind, ist diese Säule hellgrau eingefärbt. Sie gehört jedoch zu einer integrierten Sichtweise hinzu, da zur Vorbereitung und Durchführung der Transaktionen Wissen notwendig ist und aus ihrer Erledigung neues Wissen resultieren kann.

Da im weiteren Verlauf die Informationssysteme zur Wissensmanagement- Unterstützung von besonderer Relevanz sind, werden die Kategorien der Informationssysteme separiert dargestellt.

Die Säule "*Inhalte*" umfasst alle Funktionen zum Management digitaler Informationsobjekte und des sie beschreibenden Kontextrahmens (z.B. Erstellen, Freigeben, Publizieren, Überarbeiten, Archivieren von Inhalten) sowie die Inhalte selbst im Sinne von individuellen Abbildungsversuchen mentaler Modelle.

In der Säule "*Kompetenz*" sind einerseits Funktionen zum Abbilden und Organisieren von Kompetenzprofilen als digitale Verweise auf die Kompetenzen der Mitarbeiter sowie andererseits Funktionen zur Förderung dieser Kompetenzen (z.B. durch "E-Learning") gebündelt. Die Mitarbeiter mit ihren Kompetenzen benutzen Inhalte und Kompetenzprofile, um an virtuellen und/oder physischen Orten ihr gegenseitiges Wissen bei der Vorbereitung, Erledigung und Auswertung von Aufgaben zu erkennen, auszutauschen, weiterzuentwickeln und anzuwenden.[204] Die

---

[202] Vgl. Riempp, G. (2012), S. 129
[203] Vgl. Riempp, G. (2012), S. 129
[204] Vgl. Riempp, G. (2012), S. 129

zugehörigen Funktionen und Orte sind in der verbindenden und damit zentralen Säule *"Zusammenarbeit"* angesiedelt. Schließlich beinhaltet die Säule *"Orientierung"* diejenigen Funktionen, die in allen anderen Säulen gleichermaßen benötigt werden, wie Suche, Navigation und Administration (z.B. Pflege der Benutzerprofile und -berechtigungen, Authentisierung, Zugriffsschutz).[205]

Ein integrierter *Informationsspeicher* beinhaltet einerseits alle Anwendungsdaten, Nutzerverzeichnisse, Berechtigungsdaten, Suchindices etc. und andererseits die eigentlichen WM-Daten wie Informationsobjekte, Kompetenzprofile und Lerninhalte.

Schließlich bestimmt die *Kultur* einer Organisation als viertes Handlungsfeld die Ausprägung aller Elemente der Architektur und umrahmt sie deshalb. Steht in einer Organisation bspw. der direkte Wissensaustausch im Vordergrund, so wird die Säule "Zusammenarbeit" im WM besonders betont und durch entsprechend leistungsfähige Community-Management -Systeme getragen.

Da bei diesem Modell sowohl die Strategie-, Prozess- als auch die Systemseite ausführlich berücksichtigt werden, soll dieses Modell im weiteren Verlauf als Referenzarchitektur dienen. Erst durch die Berücksichtigung all dieser Elemente kann die gesamte Organisation im Hinblick auf ökologisch nachhaltige Transformationen ausgerichtet werden.

Nachdem die Themen Wissensmanagement und Wissensmanagementsysteme detailliert dargestellt wurden, ist es für die Konzeption eines nachhaltigen IT-gestützten Wissensmanagements notwendig die theoretische Grundbasis eines „*Green Information Systems*" zu erschließen. Das folgende Kapitel ist für die spätere Konzeption essentiell, um eine Brücke zur ökologischen Nachhaltigkeit eines Wissensmanagementsystems schlagen zu können.

---

[205] Vgl. Riempp, G. (2012), S. 129

3 Grundlagen „Green Information System"

Angesichts des in den letzten Jahren immer stärker in den Fokus gerückten Leitbildes einer nachhaltigen Entwicklung als wichtiges Grundprinzip unternehmerischen Wirtschaftens, zeichnet sich auch ein Perspektivenwandel innerhalb der IT an hin zu einer ökologischeren Verhaltens- und Funktionsweise.[206] Zum einen wird versucht eine ressourcenschonende Nutzung innerhalb der Informations- und Kommunikationstechnologien zu erzielen, was unter dem Schlagwort *„Green Information Technology (Green IT)"* zum Ausdruck kommt. Green IT bezieht sich damit auf die Hardware und andere Infrastrukturkomponenten, welche es aus ökologischer Sicht zu verwalten gilt. Zum anderen wird unter dem Begriff *„Green Information System (Green IS)"* durch die Implementierung von Informationssystemen eine erhöhte ökologische Nachhaltigkeit in den Prozessen angestrebt.

In diesem Kapitel wird einleitend die Relevanz des Themas Nachhaltigkeit auf organisatorischer Ebene aufgeführt. Es wird die Frage aufgegriffen, welche Motive ein Unternehmen dazu verleitet Nachhaltigkeitsthemen zu etablieren. „Nachhaltigkeit durch Informationstechnologie" stellt anschließend die Kernthematik dieses Kapitels dar.

3.1 Nachhaltigkeit als Managementaufgabe

Mit der Diskussion um Nachhaltigkeit haben sich zeitgleich die Erwartungen an die Unternehmen verändert. Den Unternehmen wird die Verantwortung für ökologische und soziale Belange gestellt und sie stehen dabei unter besonderer Beobachtung. Neben der Einhaltung gesetzlicher Umweltvorschriften erwarten heutzutage auch die Stakeholder[207] einer Organisation verantwortungsvolle Geschäftstätigkeiten.[208]

Einige Beispiele zeigen, dass eine Vernachlässigung organisatorischer ökologischen und sozialen Verantwortung eine sofortige Strafe der Öffentlichkeit und der Kunden nach sich zieht.[209]

---

[206] Vgl. Erek, K. (2012), S. V

[207] Interne und externe Stakeholder stellen dabei Interessengruppen dar, welche für den Unternehmenserfolg bedeutsam sind wie etwa Mitarbeiter oder Kunden. (Vgl. Löser, F.; Zarnekow, R. (2015), S. 4)

[208] Vgl. Löser, F.; Zarnekow, R. (2015), S. 4

[209] Beispiel: das Unternehmen Shell, welche mit dem Versuch, die Plattform "Brent Spar" in der Nordsee zu versenken.(Vgl. Paeger, J. (2009))

Immer mehr Unternehmer weltweit erkennen diese Wichtigkeit eines nachhaltigen Wirtschaftens und bemühen sich, Nachhaltigkeit in ihrer Organisation einzugliedern.[210] Zum einen ist dies erforderlich, um den erkannten globalen Entwicklungen entgegenzuwirken, zum anderen aber auch, um wettbewerbsfähig zu bleiben.[211] Zunächst wird folgend der Begriff „nachhaltig" von dem Begriff „green" abgegrenzt. Beide Begriffe finden im Laufe der Arbeit Einsatz. Das Nachhaltigkeitsmanagement mit seinen drei Dimensionen (Ökonomie, Ökologie und Soziales) wird darauffolgend dargestellt. Anschließend werden die Wechselwirkungen im Hinblick auf ein ökologisch nachhaltig ausgerichtetes Unternehmen auf die beiden anderen Dimensionen erörtert. Zum Ende dieses Abschnittes wird die Rollenänderung der IT und die Auswirkungen auf die Nachhaltigkeitsfrage sowie der IT-induzierte Ressourcenverbrauch erläutert.

3.1.1 Nachhaltig versus „Green"

Der Begriff „nachhaltig" stammt ursprünglich aus der Forstwirtschaft des 17. Jahrhunderts und besagt, dass man Bäume nicht schneller fällen sollte als sie nachwachsen.[212] Durch dieses Handeln sollten die Ressourcen des Waldes geschont werden, damit für die Zukunft genug Holz zum Ernten erhalten bleibt. Heute steht Nachhaltigkeit für die Verfolgung eines globalen Gleichgewichts *without sudden and uncontrollable collapse"* unter Berücksichtigung ökologischer, ökonomischer und sozialer Belange.

„Going Green ist „in""[213] und wurde seit 2008 in den USA stark propagiert, wobei die Motive davon mehr durch Preissteigerungen bei Energie und Öl, also auf ökonomischer Ebene getrieben wurden, als durch eine Kampagne zur Steigerung des Umweltbewusstseins.[214] Die gegenwärtige Literatur unterscheidet nicht eindeutig zwischen den beiden Begriffen "nachhaltig" und "green".[215] Nach *Pollak* bedeutet "*green*" in der Regel umweltfreundlich und energieeffizient.[216] Im Gegensatz dazu bezieht sich Nachhaltigkeit auf das Planen und Investieren in eine Infrastruktur, welche zur Erreichung kurzfristiger Ziele eines Unternehmens bei gleichzeitiger

---

[210] Vgl. Eccles, R. G.; Serafeim, G.; Miller Perkins, K. (2012), S.43f.

[211] Eccles, R. G.; Serafeim, G.; Miller Perkins, K. (2012) ,S.43f.

[212] Vgl. Buhl, H. U.; Laartz, J.; Löffler, M. et al. (2009), S. 56

[213] Vgl. Hartmann, W. D.; Walther, D. (2009), S. 60

[214] Vgl. Hartmann, W. D.; Walther, D. (2009), S. 55

[215] Vgl. Nedbal, D.; Wetzlinger, W.; Auinger, A. et al. (2011), S. 2

[216] Vgl. zitiert nach Mendoza-Fermin, Y. (2016), S. 4

Schonung der natürlichen Ressourcen und zur Erhaltung der Umwelt beiträgt.[217] Auch *Nowak* verdeutlicht die unterschiedlichen Ausmaße der Begriffe, indem er aufführt, dass „Nachhaltigkeit" in ihrer Bedeutung ökonomische, ökologische und soziale Aspekte umfasst, wohingegen „green" lediglich die ökologische Dimension adressiert.[218] Heute werden häufig neuartige Technologien und Produkte, welche die ökologische Nachhaltigkeit verbessern, als „green" beschrieben.[219]

3.1.2 Nachhaltigkeitsmanagement – Das *Drei-Säulen-Modell*

Managementansätze im Bereich der Nachhaltigkeit fußen auf dem politisch-gesellschaftlich getriebenen *Drei-Säulen-Modell der Nachhaltigkeit* (engl. *„Triple Bottom Line")* und gehen von der Annahme aus, dass nachhaltigkeitsorientiertes Wirtschaften neben ökonomischen, auch ökologische und soziale Aspekte beinhalten muss.[220] Nachhaltig wirtschaftende Unternehmen achten deshalb nicht nur darauf, die ökonomische Sphäre zu bedienen, sondern setzen sich ebenso sozial wie ökologisch anspruchsvolle Ziele (vgl. Abbildung 17).

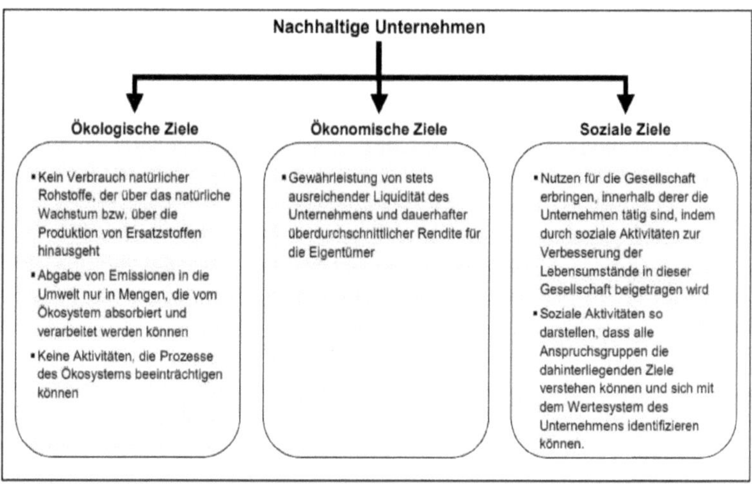

Abbildung 17: Die drei Zielsphären nachhaltig orientierter Unternehmen (Quelle: Hannig, U.; Tachkov, P. (2011), S.1)

---

[217] Vgl. Brooks, S.; Wang, X.; Sarker, S. (2010)

[218] Vgl. Nowak, A.; Leymann, F. (2014), S. 39

[219] Vgl. Karjaluoto, H.; Simula, H.; Lehtimäki, T. (2009)

[220] Vgl. Erek, K.; Löser, F.; Zarnekow, R. (2013), S. 1011

Durch die simultane Betrachtung aller drei Säulen der Nachhaltigkeit wird ein holistisches Nachhaltigkeitsmanagement in Unternehmen ermöglicht, das die Interessen interner und externer Stakeholder zur Sicherung ihrer Zukunftsfähigkeit in einem ausgeglichenen Maße berücksichtigt. Unternehmen können demnach nur dann dauerhaft überleben, wenn sie zum einen gewinnorientiert (effizient) und zum anderen ressourcenschonend (nachhaltig) wirtschaften.

In der praktischen Umsetzung wird jedoch Nachhaltigkeit häufig lediglich mit ökonomischer Nachhaltigkeit gleichgesetzt (Prinzip der Kapitalerhaltung).[221] So gab beispielsweise eine Ende 2010 durchgeführte Online Umfrage, mit 1100 kontaktierten Unternehmen[222] Aufschluss darauf, dass Nachhaltigkeit für die befragten Unternehmensführer in erster Linie das dauerhafte wirtschaftliche Überleben bedeutet. Dabei assoziieren über 87 Prozent Nachhaltigkeit mit der ökonomischen Dimension, während rund 66 Prozent an die soziale Sphäre im Sinne von Aktivitäten, die auf Belegschaft und Gesellschaft gerichtet sind, denken. Lediglich drei Fünftel verbinden die Schonung der Umwelt damit (vgl. Abbildung 18).

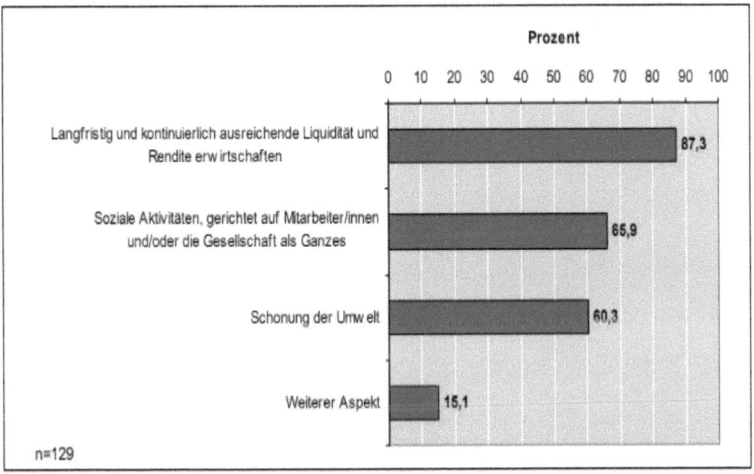

Abbildung 18: Bedeutung der Nachhaltigkeitsaspekte für Unternehmensführer (Quelle: Hannig, U.; Tachkov, P. (2011), S. 3)

---

[221] Vgl. zitiert nach Erek, K.; Zarnekow, R. (2009), S. 419
[222] Vgl. Hannig, U.; Tachkov, P. (2011)

Nachfolgend werden die Indikatoren zur Messung der Nachhaltigkeit in den drei Dimensionen aufgeführt:

Ökonomische Indikatoren: Zur Messung der ökonomischen Nachhaltigkeit werden von nahezu allen Industrieunternehmen die nachlaufenden Messgrößen *Gewinn- und Renditeentwicklung* herangezogen. Mit *Produktqualität und -sicherheit, Kundenzufriedenheit* und *F&E-Aufwendungen* sind jedoch auch drei zukunftsgerichtete Indikatoren in rund zwei Drittel der Unternehmen verbreitet.

Soziale Indikatoren: Sowohl in Industrie- als auch in Dienstleistungsunternehmen werden Mitarbeiterzufriedenheit, Ausgaben bzw. Anzahl und Umfang von Weiterbildungsmaßnahmen und die Beschäftigungsentwicklung am häufigsten als soziale Nachhaltigkeitsindikatoren genannt.

Ökologische Indikatoren: Das am weitesten verbreitete ökologische Nachhaltigkeitsmaß ist bei den befragten Industrieunternehmen der *Energieverbrauch* und damit ein Effektivitätsindikator für das absolute Ausmaß der Umweltbelastung. Weitere häufig verwendete Effektivitätsmessgrößen sind der *Material- und der Wasserverbrauch* sowie die *Abfall- und die Abwassermenge.* Eine Übersicht der Nachhaltigkeitsindikatoren und dessen Verbreitungsgrad liefert Abbildung 19.

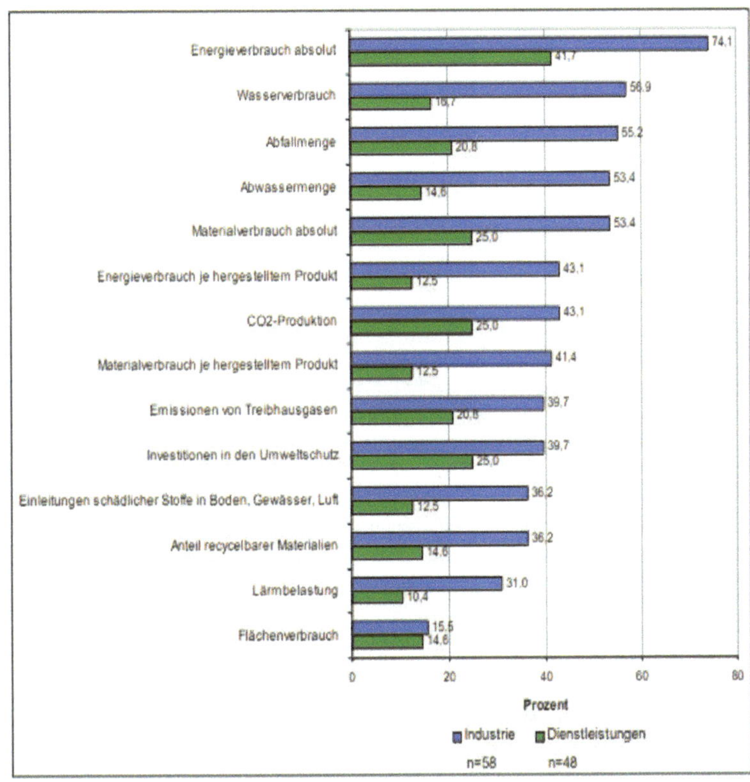

Abbildung 19: Verbreitungsgrad ökologischer Nachhaltigkeitsindikatoren
(Quelle: Hannig, U.; Tachkov, P. (2011), S. 5)

Eine Ermittlung ergab, dass Unternehmen, welche Nachhaltigkeitsindikatoren messen, deutlich häufiger etwas zur Verbesserung ihrer Nachhaltigkeitsposition unternehmen und damit nachhaltiger wirtschaften als Unternehmen ohne Indikatormessung.[223] Außerdem wurde ermittelt, dass erfolgreichere Unternehmen signifikant häufiger Abfallmenge, Wasser- und Energieverbrauch sowie Emissionen von Treibhausgasen beachten. Nachhaltigkeit entwickelt sich demnach immer mehr zu einem Thema, das für Unternehmen von strategischer Relevanz ist und von der Führungsebene zunehmend berücksichtig wird.[224] Nichtsdestotrotz wird beobachtet, dass den meisten Führungskräften eine langfristige Nachhaltig-

---

[223] Vgl. Hannig, U.; Tachkov, P. (2011), S. 7
[224] Vgl. Löser, F.; Zarnekow, R. (2015), S. 4

keitsvision für ihr Unternehmen fehlt.[225] *Zarnekow et al.* führen an, dass eine integrierte Betrachtung nur dann gewährleistet ist, wenn die Interdependenzen zwischen allen drei Säulen berücksichtigt werden, und eine optimale Balance zwischen diesen langfristig erhalten wird.[226] Unternehmen könnten demnach nur dann dauerhaft überleben, wenn sie zum einen gewinnorientiert (effizient) und zum anderen ressourcenschonend (nachhaltig) wirtschaften.

Im Folgenden werden die Motive, welche Unternehmen zu einer nachhaltigen Unternehmensausrichtung antreiben, aufgeführt.

3.1.3 Motive einer nachhaltigen Unternehmensausrichtung

Ohne ein verantwortungsbewusstes Handeln eines Unternehmens im ökologischen Bereich, sind automatisch auch die anderen beiden Dimensionen, die Ökonomie und das Soziale, affektiert.[227] Von einer nachhaltigen Ausrichtung versprechen sich Organisationen daher oftmals nicht nur, einen ökologischen und sozialen Beitrag zu leisten, sondern auch, wirtschaftlichen Gewinn daraus zu ziehen, indem sie Kosten und Risiken minimieren sowie Umsätze und Reputation erhöhen können. Da immer mehr Führungskräfte von den Vorteilen, welche eine Integration von Nachhaltigkeit im Unternehmen verspricht, überzeugt sind, erhöht sich das weltweite Interesse an einer nachhaltigen Ausrichtung.[228]

In einer Studie im Jahr 2014 von *Eccles, Ioannou* und *Serafeim*[229] an der *Universität Harvard* wurde über einen Zeitraum von 18 Jahren mit 180 teilnehmenden Unternehmen analysiert, ob eine nachhaltige Unternehmenskultur positive Auswirkungen auf das Unternehmen und dessen wirtschaftliche Kennzahlen einnimmt. Das Team gelang zu der Erkenntnis, dass nachhaltig ausgerichtete Unternehmen im Vergleich zu nicht nachhaltig orientierten Konkurrenten langfristig erfolgreicher am Aktienmarkt agieren und sich Nachhaltigkeit somit positiv auf die finanzielle Performance auswirkt.[230] Dieser auf der nachhaltigen Ausrichtung basierende Wettbewerbsvorteil wurde von vielen Organisationen erkannt, weshalb immer mehr Manager dazu angetrieben werden, Nachhaltigkeit im eigenen Unternehmen

---

[225] Vgl. Löser, F.; Zarnekow, R. (2015), S. 4

[226] Vgl. Erek, K.; Zarnekow, R. (2009), S. 419

[227] Vgl. Adlesgruber, S. (2016)

[228] Vgl. Haanaes, Knut, Hopkins Michael, Balagopal, Balu (2011), S. 23ff.

[229] Vgl. Eccles, R. G.; Ioannou, I.; Serafeim, G. (2014)

[230] Vgl. Eccles, R. G.; Ioannou, I.; Serafeim, G. (2014), S. 1

zu verankern.[231] Nach einer Studie von *MIT Sloan Management Review* und *der Boston Consulting Group* zum unternehmerischen Umgang mit Nachhaltigkeit nahmen bereits 63 Prozent der über 2600 teilnehmenden Unternehmensvertreter Anpassungen bei ihren Geschäftsmodellen, nachdem verschiedener Nachhaltigkeitsopportunitäten dem Unternehmen Vorteile verschafften, vor.[232] Das wachsende Interesse an der Einführung von Nachhaltigkeit in Organisationen zieht sich über die verschiedenen Industrien hinweg und ist somit branchenunabhängig.[233] Doch nicht nur die erkannten finanziellen Vorteile sind es, die diese Bewegung hin zu einem nachhaltigeren Wirtschaftsverhalten ausgelöst haben. Die Erwartung von mehr Nachhaltigkeit wird von verschiedenen Anspruchsgruppen an die Unternehmen herangetragen, so etwa von den Kunden, aber auch von den Mitarbeitenden. In Abbildung 20 ist zu erkennen, dass nach einer Befragung durch *MIT Sloan* das verbesserte Unternehmens- bzw. Markenimage die deutlichste Zustimmung zu Vorteilen einer Nachhaltigkeitsintegration erhielt.

---

[231] Vgl. Eccles, R. G.; Serafeim, G.; Miller Perkins, K. (2012), S. 43
[232] Vgl. Kiron, D.; Kruschwitz, N.; Reeves,Martin ,Goh,Eugene (2013), S. 69
[233] Vgl. Haanaes, Knut, Hopkins Michael, Balagopal, Balu (2011), S. 24

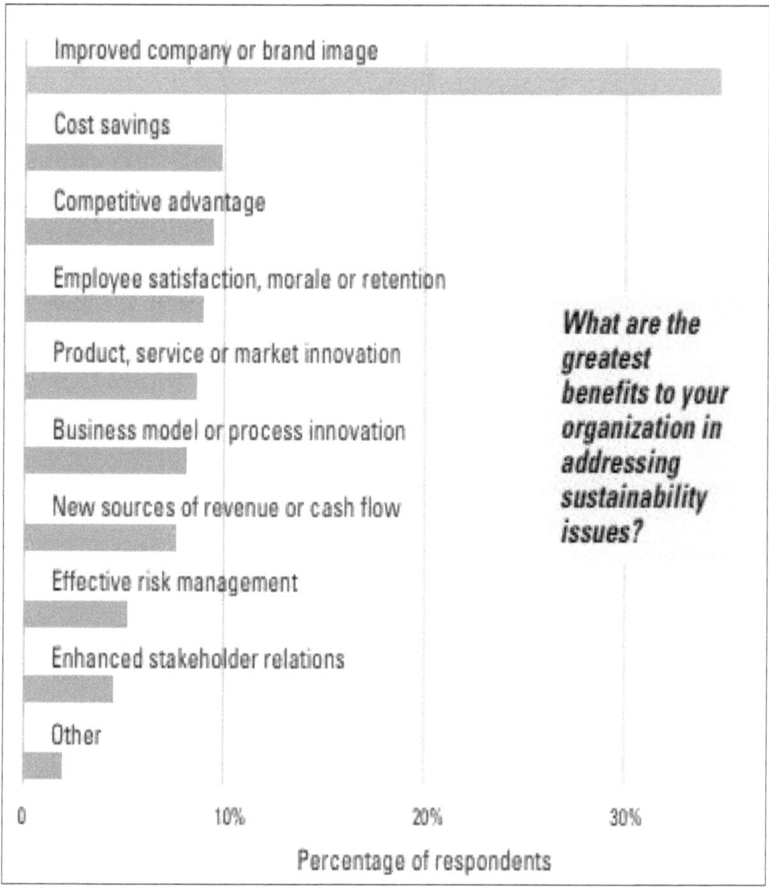

Abbildung 20: Größter Nutzen der Adressierung von Nachhaltigkeitsthemen im Unternehmen, Umfrageauswertung
(Quelle: Berns, M.; Townend, A.; Khayat, Z. (2009), S. 23)

Die drei Vorteile, welche die meiste Zustimmung der Befragten erhielten, sprich das verbesserte *Image*, *Kosteneinsparungen* sowie *Wettbewerbsvorteile*, stehen dabei in unmittelbarer Wechselwirkung zueinander. So kam bei einer *Bertelsmann-Studie* heraus, dass zweidrittel der Kunden eher Produkte oder Dienstleistungen von Unternehmen kaufen, welche sich nachweislich für gesellschaftliche Probleme einsetzen.[234] Das bedeutet eine gestärkte Reputation aufgrund von Nachhaltig-

---

[234] Vgl. Linsenmaier, J. (2018)

keitsinitiativen führt letztlich zu einer erhöhten Auftragslage. Auch sind die Kunden bereit für nachhaltige Produkte mehr zu bezahlen.[235] Banken und Investoren streben ebenso nach einem guten Ruf, weshalb diese vornehmlich in Unternehmen investieren, welche einen positiven Imagetransfer zulassen.[236]

Zudem wird es für viele Mitarbeiter immer bedeutender für einen nachhaltig ausgelegten Arbeitgeber zu arbeiten.[237] Unternehmen profitieren bei der Suche nach qualifizierten Mitarbeitern somit von einer nachhaltigen Unternehmensphilosophie und einer sehr gute Reputation. Nicht zuletzt werden durch Schonung der Ressourcen eine Senkung der Betriebskosten verzeichnet. Sei es durch optimierte Betriebsabläufe, Produktinnovationen oder höhere Betriebszugehörigkeit der Mitarbeiter, die Kosten werden durch einen umweltschonenderen Energie- und Ressourcenverbrauch gesenkt.[238] Auch wenn sich nicht immer direkte Auswirkungen auf die finanziellen Kennzahlen berechnen lassen, herrschen nachweislich positive Wirkungszusammenhänge zwischen der ökologisch, sozialen und betriebswirtschaftlichen Dimension.[239]

3.1.4 Rollenänderung der Informationstechnologie

Nachhaltigkeitsdiskussionen zur Umsetzung der ökonomischen, ökologischen und sozialen Aspekte haben innerhalb der Informationstechnologie (IT), der IT-Organisationen und den damit verbundenen Unternehmen in den letzten Jahren zunehmend an Bedeutung gewonnen.[240] Diese Tatsache fußt nicht zuletzt darauf, dass sich die Rolle der IT allgemein in den letzten Jahrzehnten signifikant verändert hat. So wird heutzutage nahezu jeder Geschäftsprozess IT-gestützt ausgeführt[241] und Informationen gelten mittlerweile als unverzichtbares Element in den Unternehmen.[242]

---

[235] Vgl. Linsenmaier, J. (2018)

[236] Vgl. Linsenmaier, J. (2018)

[237] Vgl. Linsenmaier, J. (2018)

[238] Tremmel, K. (2012)

[239] Tremmel, K. (2012)

[240] Vgl. Erek, K.; Löser, F.; Zarnekow, R. (2013), S. 1099

[241] Vgl. Zarnekow, R.; Brenner, W.; Pilgram, U. (2006), S. 19

[242] Vgl. Rüter, A.; Schröder, J.; Göldner, A. et al. (2010), S. 7

Zieht man die Entwicklung des Anteils der Beschäftigten in den vier Sektoren Landwirtschaft, Produktion, Dienstleistungen und Informationsverarbeitung als Indikator zurate, so erkennt man den die gestiegene IT-Durchdringung (vgl. Abbildung 21).

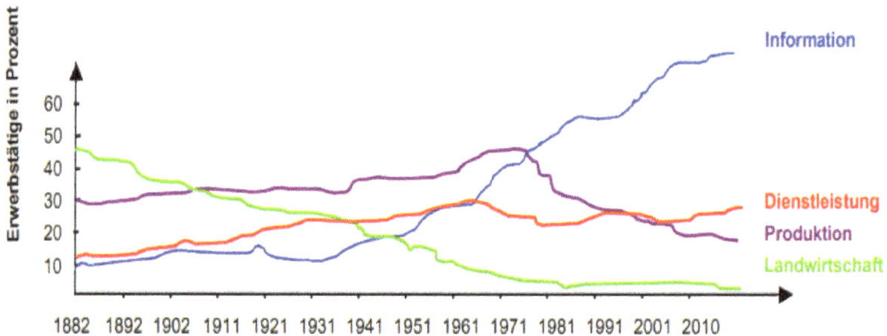

Abbildung 21: Vier-„Sektoren"-Modell
(Quelle: in Anlehnung an: Rüter, A.; Schröder, J.; Göldner, A. et al. (2010), S. 8)

Dieser branchenübergreifende Effekt wird u.a. durch eine zunehmende Internationalisierung und Digitalisierung der Wertschöpfungsstrukturen von Unternehmen weiterhin forciert.[243] Durch den zunehmenden Einfluss der IT gehen anspruchsvollere Kunden, die sich schneller verändernden Technologien, gestiegene rechtliche und interne Herausforderungen sowie der kontinuierliche Innovationsdruck einher.[244] Daneben muss sich insbesondere die interne IT-Organisation der Wirtschaftlichkeitsdiskussionen stellen, die aktiv einen Wertbeitrag der IT zum geschäftlichen Erfolg einfordern.[245]

Generell sind die strategischen Anforderung und die Bereitstellung von IT-Ressourcen abhängig von der Rolle, welche der IT im Unternehmen beigemessen wird.[246] Zum Beispiel stellt sich die Frage, ob die IT ein strategischer Erfolgsfaktor für die Differenzierung im Wettbewerb hat oder die IT eine reine Unterstützungsfunktion mit dem Ziel, effizientere Geschäftsprozesse zu ermöglichen, besitzt.

---

[243] Vgl. Erek, K.; Löser, F.; Zarnekow, R. (2013), S. 1099

[244] Vgl. Rüter, A.; Schröder, J.; Göldner, A. et al. (2010), S. 7-18

[245] Vgl. Johannsen, W.; Goeken, M. (2011), S. 7

[246] Vgl. Erek, K.; Löser, F.; Zarnekow, R. (2013), S. 1102

Der Festlegungsgrad ist dabei sowohl in ökonomischer als auch ökologischer Hinsicht von strategischer Bedeutung und determiniert die Leitlinien der IT-Nachhaltigkeitsstrategie.[247]

Der mit der stärkeren Durchdringung einhergehende IT induzierte Ressourcenverbrauch wird folgend dargestellt.

3.1.5 Ressourcenverbrauch durch die Informationstechnologie

Der Einsatz von Informationstechnologie trägt in zunehmendem Maße zur Belastung der natürlichen Ökosysteme bei.[248]

Als die Europäische Union 2007 angekündigt hatte, die Treibhausgasemissionen bis 2020 im Vergleich zu 1990 auf rund 70-80% senken zu wollen, betrug der weltweite CO2-Außstoß bereits über 45.000 Millionen Tonnen - Tendenz stark steigend. 820 Millionen Tonnen, also knapp zwei Prozent, entfielen dabei auf die IT.[249] Dieser Anteil wird trotz erheblich verbesserter Energieeffizienz bis 2020 vermutlich auf drei Prozent wachsen.[250] Dies entspricht in Umfang und Dynamik dem Ausstoß des weltweiten Flugverkehrs und dem, was mehr als 60 Milliarden Bäume umsetzen können.[251]

Zudem ist ein erhöhter Energiebedarf für die Informations- und Kommunikationstechnologie (IKT) prognostiziert. Bereits bei der ersten Erhebung im Jahr 2007 betrug der Stromverbrauch der IKT in Deutschland 55 Terawattstunden, was einen Anteil von 10,5% vom jährlichen Gesamtstromverbrauch ausmacht.[252] Bis zum Jahr 2020 wird mit einem Anstieg von 20% gerechnet, was umgerechnet ca. 66 Terrawattstunden entspricht.[253]

Der starke Anstieg des Energiebedarfs der IT wird hauptsächlich durch die immer weiter zunehmende Durchdringung von Produkten und Dienstleistungen aller Wirtschaftsbereiche, der Kultur und des privaten Lebens durch IT verursacht (siehe vorheriger Abschnitt).[254] Weitere Treiber des Ressourcenverbrauchs sind

---

[247] Vgl. Erek, K.; Löser, F.; Zarnekow, R. (2013), S. 1102

[248] Vgl. Reiter, M. (2017), S. 1

[249] Vgl. Buhl, H. U.; Laartz, J.; Löffler, M. et al. (2009), S. 54

[250] Vgl. Reisinger, N. (2014), S. 59

[251] Vgl. Buhl, H. U.; Laartz, J.; Löffler, M. et al. (2009), S. 55

[252] Vgl. Reisinger, N. (2014), S. 59

[253] Vgl. ebd., S. 59

[254] Vgl. Loos, P.; Nebel, W.; Marx Gómez, J. et al. (2011), S. 240

eine ökonomisch motivierte Verkürzung der Innovationszyklen sowie eine wachsende Zahl von Endgeräten pro Anwender.[255] Die dafür notwendige Erhöhung der Rechenleistung, der Kommunikationsbandbreite und der notwendigen Infrastruktur durch immer komplexere Geschäftsanwendungen, kann jedoch nicht mehr nur durch Effizienzgewinne von neuen Mikroelektronik-Technologien kompensiert werden, was zu einem steigenden Energiebedarf führt.[256]

Erek et al. schlagen für die IT-bezogenen Umweltauswirkungen eine Differenzierung vor. Als Motiv dafür nennen sie die unterschiedliche Bedeutung der IT für das Kerngeschäft eines Unternehmens, welche das Ausmaß der IT-induzierten CO2-Emissionen widerspiegelt. So wird in informationsintensiven Sektoren (Finanzdienstleistungen, Medien, Bildung etc.) der IT mehr Bedeutung beigemessen als beispielsweise energieintensiven Industrien (industrielle Fertigung, Chemie etc.), in denen sie in erster Linie als Geschäftsunterstützung dienen.[257]

Die Differenzierung der IT-bezogenen Umweltauswirkungen erfolgt auf drei Ebenen[258]:

1. *1st degree environmental impact:* Die IT-Umweltauswirkungen ersten Grades beschreiben die direkten negativen Effekte, welche durch Produktion, Betrieb und Entsorgung von IT verursacht werden. Dazu zählen der Ressourceneinsatz für die Herstellung von IT-Hardware, der durch den Betrieb der IT-Infrastruktur entstehende Verbrauch elektrischer Energie, welche nicht regenerativ bzw. CO2-neutral erzeugt wurde, sowie die negativen Folgen der Entstehung von Elektroschrott. Dieser mit Green IT adressierte Themenkomplex umfasst sowohl den Betrieb von Rechenzentren (RZ) und die in der Büroumgebung (BU) verwendete IT als auch die IT-Beschaffung und -Entsorgung. In informationsintensiven Branchen ist dieser Anteil der direkten IT-bezogenen CO2-Emissionen sehr hoch.

---

[255] Vgl. Reiter, M. (2017), S. 1

[256] Vgl. ebd. S. 240

[257] Vgl. Erek, K.; Löser, F.; Zarnekow, R. (2013), S. 1102

[258] Vgl. Erek, K.; Löser, F.; Zarnekow, R. (2013), S. 1102f.

2. *2nd degree environmental impact:* Die IT-bezogenen Umweltauswirken zweiten Grades beziehen sich auf die Produktions- und Geschäftsprozesse innerhalb des Unternehmens und werden durch „Green IS" oder „IT-for-Green" adressiert. Diese spielen vor allem in der industriellen Produktion eine große Rolle. Im Gegensatz zu den Auswirkungen ersten Grades handelt es sich hierbei um *positive Effekte,* und zwar in Form von IT-unterstützten Effizienzsteigerungen in den internen Prozessen

3rd degree environmental impact: die Umweltauswirkungen in der Nutzungsphase der Endprodukte bzw. der Dienstleistungen durch den Kunden. Diese Kategorie ist jedoch nur für Unternehmen relevant, bei denen die IT einen Bestandteil des Endproduktes bildet, wie z. B. Online-Banking.

Zwar betrug im Jahr 2007 die CO2- Emissionen von Informations- und Kommunikationstechnologien selbst fast zwei Prozent des global durch den Menschen verursachten Treibhausgasausstoßes, jedoch bieten IKT ein erhebliches Potenzial, die restlichen 98 Prozent zum Beispiel durch intelligente Steuerung oder Automatisierung zu reduzieren.[259] Allein durch den Einsatz von IS-Maßnahmen können weltweit rund 7,8 Gigatonnen CO2-Äquivalent bis zum Jahre 2020 eingespart werden.[260] Diese Reduktion des Schadstoffausstoßes entspräche dabei einer Vermeidungsmenge, die fünf Mal größer wäre als der gesamte Ausstoß von IT selbst.[261]

Nachdem nun die Wechselwirkungen zwischen den Umweltauswirkungen und der IT dargestellt wurden, sollen im Folgenden die Chancen zur Erreichung ökologischer Nachhaltigkeit durch IT konstatiert werden.

3.2 Nachhaltigkeit durch Informationstechnologie

Eine immer größer werdende Rolle bei ökologischen Innovationen mit effizienten und umweltschonenden Produkten und Prozessen spielt die Informations- und Kommunikationstechnologie. Die Bedeutung dieser Techniken ist durch die zunehmende Unterstützung der Geschäftsprozesse durch die IT und die globale Vernetzung immer mehr gestiegen und birgt hohes Potenzial, sowohl Ökonomie als auch Ökologie nachhaltig zu beeinflussen.

---

[259] Vgl. Kiese, P. E. M. (2017), S. 5
[260] Vgl. Mette, P. (2012), S. 1
[261] Vgl. Mette, P. (2012), S. 1

In diesem Bezug haben sich in der Literatur mehrere Begriffe zum Umwelt- und Ressourcenschutz durch die IT etabliert, welche in den kommenden Abschnitten näher erläutert werden. So wird zum Beispiel von „Nachhaltigkeit durch IT" bzw. „Green IT"[262], „Green Business"[263] sowie von „Environmental Sustainability of IT"[264] oder auch „Green Information Systems" bzw. „Green IS"[265] gesprochen. All diese Begriffe haben gemeinsam, dass die IT genutzt wird, um nachhaltige Geschäftsprozesse zu schaffen, oder um zu nachhaltigen Geschäftsprozessen beizutragen. Auch wenn diese Begriffe die gleiche Zielsetzung beinhalten, liegen grundsätzlich unterschiedliche Sichtweisen zur Optimierung ökologischer Zielgrößen vor.

Für die Einordnung des zu konzipierenden Wissensmanagementsystems in einen ökologischen Rahmen wird der Fokus auf den Begriff von *„Green IS"* gelegt, welche die IT als *„Enabler"* von ökologischeren Prozessen beschreibt. Die interne Sicht der IT-Organisation (*„Green IT"*) wird zum Verständnis und zur Vollständigkeit ebenfalls, jedoch in geringerem Umfang, thematisiert. Zur Einordnung des Green IS Konzeptes in den organisatorischen Kontext wird zum Ende des Kapitels das nachhaltige Informationsmanagement aufgeführt

3.2.1 „Green IT" – Green Information Technology

Unter dem Begriff „Green IT" rückt die IT selbst als Objekt in den Betrachtungswinkel des Umweltschutzes, indem der zunehmende Energieverbrauch der betriebenen IT Infrastruktur thematisiert wird.[266] Durch die Identifikation von Optimierungspotentialen zur Steigerung der Energieeffizienz der eingesetzten Technologien und die die Vermeidung von Obsoleszenz wird der Versuch unternommen, den Ausstoß der IT induzierten klimaschädlichen CO2-Emissionen zu minimieren.[267] Dabei ist das Ziel von Green IT, den gesamten Lebenszyklus der IKT-Geräte, das bedeutet beginnend mit dem Design der Systeme, der Produktion und dem Transport der Komponenten bis hin zur Entsorgung, umwelt- und ressourcenschonend zu gestalten.[268] Green IT bezieht sich damit auf die Hardware und andere Infrastruktur-

---

[262] Vgl. Zarnekow, R. (2011), S. 2

[263] Vgl. Zarnekow, R. (2011), S. 11

[264] Vgl. Erek, K.; Löser, F.; Zarnekow, R. (2013), S. 1101

[265] Vgl. ebd., S. 1101

[266] Vgl. Erek, K.; Löser, F.; Zarnekow, R. (2013), S. 1101

[267] Vgl. Erek, K.; Löser, F.; Zarnekow, R. (2013), S. 1101

[268] Nölker, M. (2015)

komponenten, welche es aus ökologischer Sicht zu verwalten gilt. So kann beispielsweise der Energiebedarf und der damit verbundene Schadstoffausstoß von Rechenzentren über den Einsatz moderner IT-Systeme reduziert werden.[269]

Watson et al. führt an, dass es sich bei Green IT nicht um eine isolierte IT- Praxis handelt, bei welcher die alleinige Verantwortung der IT-Abteilung zusteht. Vielmehr sollte Green IT als eine unternehmensweite Strategie, die alle Abteilungen umfasst, verstanden werden.[270] Eine Strategie ist dabei als „die Festlegung der langfristigen Ziele eines Unternehmens und die zur Verwirklichung dieser Ziele erforderlichen Maßnahmen und Verteilung der Ressourcen"[271] definiert.

Als treibende Motive einer Green IT-Adaption in Organisationen identifizieren *Harmon* und *Auseklis* insbesondere Kostenreduktions- und Performance-Ziele. Dadurch wird deutlich, dass die Ansätze zur IT-Effizienzsteigerung durch Kosteneinsparungen zusätzlich auch einen ökonomischen Beitrag für ein Unternehmen leisten können. Bezogen auf die Dimensionen der Nachhaltigkeit (siehe Kapitel 3.1.1) ist somit festzustellen, dass Green IT die ökologische Zieldimension unter Berücksichtigung ökonomischer Zielgrößen repräsentiert.

In jüngster Zeit hat sich jedoch die breitere Sichtweise zunehmend in Praxis und Wissenschaft durchgesetzt. So bemängeln *Watson et al.* den rein technologiefokussierten Gedanken einer Green IT:

> „We argue that this exclusive focus on information technologies is too narrow and should be extended to information systems, which we define as an integrated and co-operating set of people, processes, software, and information technologies to support individual, organizational, or societal goals."[272]

Sie präferieren die Terminologie von Green IS (eng: „Green Information Systems") und argumentieren, dass die Rolle der IT als *Enabler* für nachhaltige Geschäftsprozesse (IT-for-Green) eine Schlüsselkomponente der Diskussionen über Nachhaltigkeit in der IT sein muss:

---

269 Vgl. Mette, P. (2012), S. 105
270 Vgl. Watson; Boudreau; Chen (2010), S. 23
271 Aus dem Englischen übersetzt. Aldrich, H. (2008), S. 137
272 Watson; Boudreau; Chen (2010), S. 24

> „To the commonly used Green IT expression, we thus prefer the more encompassing
> Green IS one, as it incorporates a greater variety of possible initiatives to support
> sustainable business processes. Clearly, Green IS is inclusive of Green IT"[273]

Dem Ansatz von Green IT als ökologisch nachhaltiger Ansatz zur Bewältigung der Nachhaltigkeitsherausforderungen in Organisationen wird in dieser Arbeit nicht weiter nachgegangen. Stattdessen wird die Rolle der IT zur Unterstützung von Nachhaltigkeit in den Geschäftsprozessen, konkret im Wissensmanagement, untersucht. Somit wird das Konzept von Green IS als wesentlichen Betrachtungsgegenstand im weiteren Verlauf dieser Arbeit herangezogen und wird im folgenden Abschnitt näher erläutert.

3.2.2 „Green IS" – Green Information System

In der Wissenschaft und Unternehmenspraxis stehen seit einiger Zeit „Green Information Systems (Green IS)" im Mittelpunkt der Aufmerksamkeit und gelten als einer der Schlüsselbereiche für die zukünftig betrachtete IS-Forschung.[274] Green IS stellen ein Teilgebiet der Wirtschaftsinformatik dar, welches sich mit dem Design, der Implementierung, dem Management, dem Einsatz und den Folgen des Einsatzes von Informationssystemen im Kontext der nachhaltigen Entwicklung von Organisationen und der Gesellschaft befasst.[275]

Mit der Einführung von Green IS wurde der Betrachtungswinkel, im Gegenzug zu Green IT, von reiner Informationstechnik hin zu ganzen Informationssysteme ausgeweitet.[276] Die vorhandene Literatur zu Green IS beschäftigt sich in erster Linie mit der Frage, wie der Einsatz von Informationssystemen durch Privatpersonen und Unternehmen zu ökologisch nachhaltigem Verhalten beitragen kann.[277] Wie auch bei Green IT ist der Ansatz Green IS auf einer strategischen Ebene beziehungsweise auf einer Managementebene zu implementieren.[278]

---

273 Watson; Boudreau; Chen (2010), S. 24

274 Vgl. Baker, J.; Avital, M.; Davis, G. B. et al. (2010)

275 Vgl. Vom Brocke, J.; Recker, J.; Seidel, S. (2018), S. 1

276 Vgl. Reiter, M. (2017), S. 1

277 Vgl. Hilpert, H.; Kranz, J.; Schumann, M. (2013), S. 316

278 Vgl. Reiter, M. (2017), S. 2

Dabei wird betont, dass Informationssysteme eine wesentliche Rolle bei der Umsetzung von Nachhaltigkeitstransformationen von Organisationen und der Gesellschaft spielen.[279] Der IT wird dadurch die Funktion als *„Enabler"* zur Bewältigung der Nachhaltigkeitsherausforderungen in Unternehmen, die in Abhängigkeit der Branche unterschiedlich ausgeprägt sein kann, zugeteilt. Durch die Verknüpfung von ökologischen Zielen mit dem Konzept des Informationssystems können vernetzte Systeme von Menschen, Prozessen, Software und IT adaptiert werden, um Umweltziele auf individueller, unternehmerischer und gesellschaftlicher Ebene umzusetzen. [280]

In dieser Arbeit wird Green IS als die *Anwendung von IS* und / oder IT definiert, um *ökologische Nachhaltigkeit zu erreichen*.[281] Während Green IS keinen direkten Beitrag dazu leistet, werden durch den Einsatz Prozessveränderungen ermöglicht, welche wiederum zu ökologischeren Geschäftsprozessen führen.[282] Green IS können so eingesetzt werden, um individuelle Einstellungen zu verändern aber auch nachhaltiges Handeln direkt zu ermöglichen.[283] Im Gegensatz zu Green IT inkludiert Green IS damit neben dem gestaltungsorientierten Ansatz der IT auch das verhaltenswissenschaftliche Paradigma.[284] Die durch Green IS ermöglichten Veränderungen sollen dabei weit über einen verringerten Energieverbrauch und eine verbesserte Effizienz, die durch nachhaltige IT-Infrastrukturen („Green IT") ermöglicht werden, hinausgehen.[285]

Der Unterschiede in der Ausrichtung und den Zielen von Green IT und Green IS wird in Abbildung 22 verdeutlicht.

---

[279] Vgl. Vom Brocke, J.; Recker, J.; Seidel, S. (2018), S. 1

[280] Vgl. Reiter, M. (2017), S. 2

[281] Vgl. Vom Brocke, J.; Loos, P.; Seidel, S. et al. (2013)

[282] Vgl. Loos, P.; Nebel, W.; Marx Gómez, J. et al. (2011), S. 245

[283] Vgl. Vom Brocke, J.; Recker, J.; Seidel, S. (2018)

[284] Vgl. Vom Brocke, J.; Loos, P.; Seidel, S. et al. (2013), S.296

[285] Vgl. Loos, P.; Nebel, W.; Marx Gómez, J. et al. (2011), S. 245

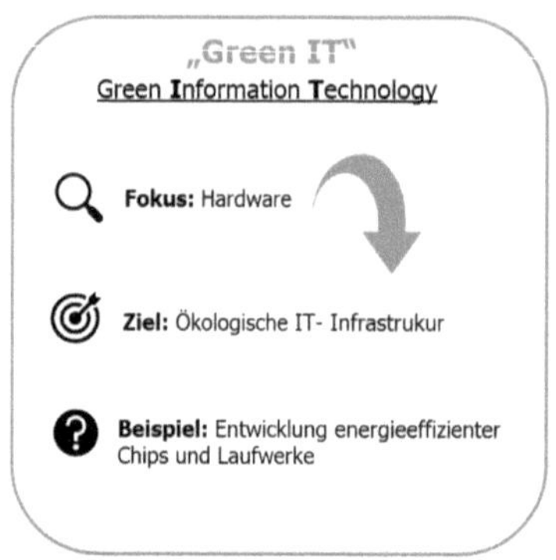

Abbildung 22: Vergleich Green IS und Green IT
(Quelle: eigene Darstellung)

Insgesamt sind die Auswirkungen von Green IS in drei Kategorien unterteilt[286]:

1. *Direkter* oder *First-order-Effekt*: Green-IS-Maßnahmen, welche zur Verringerung negativer Umweltwirkungen beitragen, die durch die Nutzung von IT/IS selbst z.B. den Einsatz von Computern entstehen.

2. *Indirekter* oder *Second-order-Effekt*: Green-IS-Maßnahmen, die den Rohstoffbedarf von anderen Bereichen, wie beispielsweise Industrie oder Haushalte, reduzieren.

3. Systemischer oder *Third-order-Effekt*: Einsatz von IT/IS, um innovative Prozesse und Produkte zu erstellen, die Verhaltens- und Arbeitsweisen tiefgreifend verändern. Damit wird eine nachhaltige Veränderung des Lebensstils sowie des Verbrauchsverhaltens angestoßen und somit die ökologische Nachhaltigkeit gefördert.

Im Fokus der Betrachtung steht bei Green IS im Gegensatz zu Green IT der ganzheitliche Einsatz von IS zur Reduktion des Ressourcenbedarfs und des Schadstoffausstoßes über die gesamte Wertschöpfungskette und über alle Geschäftsbereiche hinweg.

---

[286] Vgl. Peffers, K.; Rothenberger, M.; Kuechler, B. et al. (2012), S. 296-297

3.2.2.1 Anwendungsfelder

Nachdem die Darstellung des Begriffs Green IS und der Unterschiede zu Green IT erfolge, werden im Folgenden die in der Literatur identifizierten Anwendungsfelder für „grüne" Informationssysteme erörtert.

Die 2009 in Auftrag der Deutschen Telekom, Huawei, SAP und Siemens durchgeführte Studie der *„The Boston Consulting Group"* ermittelte ein Reduktionspotenzial durch *direkte* und *indirekte* IKT-Lösungen von bis zu ca. 207 Mt. CO2e in 2020.[287] Einen Teil davon leistet die IKT-Branche selbst durch die *direkte Reduktion* (siehe vorheriger Abschnitt) der eigenen Emissionen. Die IKT-Branche war im Jahr 2007 mit ca. 23 Mt. CO2e für rund zwei Prozent der Emissionen in Deutschland als Verursacher verantwortlich.[288] Dieser Wert wird sich durch die stetig wachsende Bedeutung von IKT für viele Bereiche unseres täglichen Lebens und der Wirtschaft bis zum Jahr 2020 auf rund 3 % erhöhen.[289] Diese Emissionen könnten durch die Umsetzung der im Rahmen eines „Green IS"-Szenarios ermittelten Maßnahmen um mehr als die Hälfte – dies entspricht rund 13 Mt. – reduziert werden.[290] Weiteres ökologisches Potenzial steckt im Einsatz von IKT-Lösungen zur *indirekten Vermeidung* bzw. Verringerung von Emissionen in anderen Branchen und Industrien.

Eine mögliche Kategorisierung von Green IS-Maßnahmen zur *indirekten Vermeidung* in verschiedene Anwendungsfelder zeigt Abbildung 23. Eine Studie von *„The Climate Group"* aus dem Jahr 2008 schätzt die potenzielle Reduktion des Schadstoffausstoßes der aufgeführten Technologien.[291] Dabei beziffern die angegebenen Reduktionspotenziale der Sektoren das theoretisch mögliche Maximum. Die Angaben beziehen sich dabei jeweils auf den Zeitraum von 2002 bis 2020.

---

[287] Vgl. Boston Consulting Group (BCG) (2009), S. 7

[288] Vgl. Boston Consulting Group (BCG) (2009), S. 7

[289] Vgl. Boston Consulting Group (BCG) (2009), S. 7

[290] Vgl. Boston Consulting Group (BCG) (2009), S. 7

[291] The Climate Group (2008)

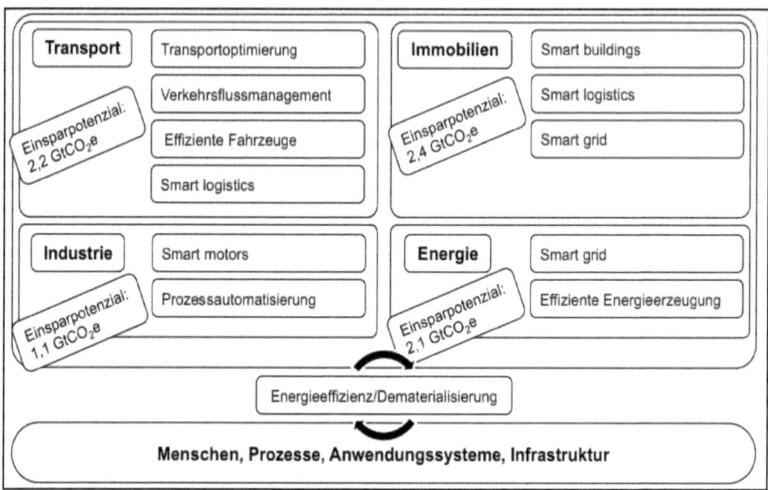

Abbildung 23: Überblick über Green-IS Anwendungsfelder
(Quelle: In Anlehnung an The Climate Group (2008))

In der Literatur werden schwerpunktmäßig folgende Bereiche genannt, in der die Informationssysteme zu nachhaltigen Geschäftsprozessen führen kann: *Stromnetze, Gebäudemanagement, Produktion, Logistik* und *Transport* sowie *Kommunikation* und *Arbeitsplatzgestaltung*. Green IS Maßnahmen können dabei ihre Wirkung durch die Reduktion des Einsatzes von *energetischen* und *nicht energetischen* Ressourcen entfalten.[292] Die beiden Wirkungshebel von Green IS stellen somit *Energieeffizienz* (Reduktion des Einsatzes energetischer Rohstoffe) und *Dematerialisierung* von Produkten und Dienstleistungen (Reduktion des Einsatzes nicht energetischer Rohstoffe) dar. Ein Beispiel von Dematerialisierung ist die Einschränkung von Geschäftsreisen mit Hilfe von hochwertigen Videokonferenzlösungen.[293]

Im Sektor der *Energiewirtschaft* soll der CO_2 e-Ausstoß durch intelligente Stromnetze – so genannte „smart grids" - sowie durch Kraftwärmekopplung verringert werden.[294]

Im *Gebäudemanagement* sollen unter dem Einsatz von IT-gestützten Technologien energetische Effizienzsteigerungen erreicht werden. Unter anderem soll durch den Einsatz intelligenter Gebäude-Klimamanagementsysteme, automatischer Licht-

---

[292] Vgl. Mette, P. (2012), S. 108

[293] Vgl. Boston Consulting Group (BCG) (2009), S. 8

[294] Vgl. Buhl, H. U.; Laartz, J.; Löffler, M. et al. (2009), S. 264

steuerung, Sensoren und Software für die Messung und das Monitoring sowie die Nutzung von Powermanagementsystemen zum An- und Abschalten von Geräten zeitnah auf sich ändernde lokale Konditionen reagiert, Ineffizienzen aufgedeckt und so ein ganzheitliches energieeffizientes Gebäudemanagement betrieben werden.[295]

Im Bereich *Produktion*, *Logistik* und *Transport* können geeignete Maßnahmen des Informationsmanagements genutzt werden, um den Automatisierungsgrad zu erhöhen, die Produktions- und Transportzeiten zu verkürzen und so die eingesetzten Ressourcen effizienter einzusetzen. Dies kann u.a. durch intelligente Automatisierungsmöglichkeiten im Produktionsprozess (Systemautomatisierung), den Einsatz von Logistikapplikationen, ein optimiertes Flottenmanagementsystem sowie ein aktives Emissionsmonitoring erzielt werden.[296]

Abschließend soll im Bereich *Kommunikation* und *Arbeitsplatzgestaltung* durch die Substitution von CO2-intensiven durch weniger CO2-intensive Anwendungen und Produkte (*Dematerialisierung*) ein Beitrag zu nachhaltigen Geschäftsprozessen im Unternehmen geleistet werden. Erreicht werden kann dies beispielsweise durch Telearbeit, virtuelle Konferenzen sowie den Wechsel von papierbasierten zu elektronischen Prozessen (E-Commerce, E-Documents, E-Paper, E-Learning).[297]

Obgleich der nachhaltige Umgang mit Ressourcen als kritischer Faktor für den zukünftigen Unternehmenserfolg angesehen wird, nutzen Unternehmen das durch IS generierbare Einsparpotenzial bisher nur in sehr wenigen Fällen. Laut einer Praxisstudie der Firma *Fujitsu*, die die Nutzung von Green IT und Green IS in den USA, Großbritannien, Australien und Indien durch die Befragung von mehr als 600 CIOs untersucht, bleibt der bisherige Beitrag der Informationstechnologie zur Reduktion des Ressourcenbedarfs und des Schadstoffausstoßes weit hinter den Erwartungen zurück.[298] Insbesondere in den Branchen Groß- und Einzelhandel, Logistik, Gesundheit und Bildung, aber auch im Sozialwesen und bei Einrichtungen der öffentlichen Hand ist der Einsatz von IS zur Senkung von Ressourcenbedarf und Schadstoffausstoß besonders schwach ausgeprägt. Bei Green IS ist demnach eine

---

[295] Boston Consulting Group (BCG) (2009)
[296] Vgl. Möller, B. (2014), S. 24
[297] Vgl. Möller, B. (2014), S. 25
[298] Vgl. Mette, P. (2012), S. 105

strukturelle Unterinvestition zu beobachten, die auch durch die Unwissenheit von Entscheidern über die Potenziale und Wirkungsweisen von Green IS bedingt ist.[299]

Auch wenn das große Potential der *indirekten* Vermeidung von Emissionen durch IS erkannt wurde, dürfen die *direkten* Auswirkungen auf die eigene Branche nicht vernachlässigt werden. Der Energieverbrauch der IuK-Technologien selbst steigt nämlich mit jährlich 17 % deutlich stärker als die anderen Branchen, und auch jetzt nimmt der Gesamtverbrauch eine signifikante Größenordnung ein.[300]

Im weiteren Verlauf der Arbeit werden, wie bereits aufgeführt, die *direkten Auswirkungen* von IS auf den Emissionsverbrauch im eigenen Sektor untersucht.

3.2.2.2 „Sensemaking" und „Sustainable Practicing

Nachdem die Anwendungsfelder des Einsatzes von Green IS vorgestellt wurden, wird im Folgenden ein Kategorisierungsvorschlag für Green IS präsentiert.

Seidel et al. unterscheiden grundsätzlich zwischen zwei Funktionen von Green IS im Kontext organisationaler Nachhaltigkeitstransformationen: *„Sensemaking"* und *„Sustainable Practicing"*.[301]

Sensemaking beschreibt dabei die Nutzung von IS zur Unterstützung organisational-kognitiver Aktivitäten zur Interpretation und dem Verständnis der komplexen Zusammenhänge im Hinblick auf nachhaltiger Entwicklung.

Unter *Sustainable Practicing* wird hingegen die Nutzung von Green IS zur Umsetzung konkreter nachhaltiger Aktivitäten bzw. Geschäftsprozesse verstanden.

Beiden Modelle liegt die Annahme zugrunde, dass zum erfolgreichen Einsatz von Green IS auch individuelle Faktoren wie Einstellung, Verständnis und Bewusstsein wichtige Einflussfaktoren spielen. Ein Beispiel für Green IS, die Einfluss auf individuelle Einstellungen nehmen können (*Sensemaking*), sind Software-Cockpits, die umweltbezogene Indikatoren (z.B. CO2-Emissionen oder Papierverbrauch) abbilden. Ein Beispiel für Green IS, die nachhaltiges Handeln direkt unterstützen (*Sustainable Practicing*), sind Videokonferenz- und File-Sharing Systeme, die die Virtualisierung von Arbeit und somit die ortsunabhängige Zusammenarbeit ermöglichen.

---

[299] Buhl, H. U.; Laartz, J.; Löffler, M. et al. (2009)

[300] Vgl. Loos, P.; Nebel, W.; Marx Gómez, J. et al. (2011), S. 240

[301] Vgl. Vom Brocke, J.; Recker, J.; Seidel, S. (2018)

3.2.3 Nachhaltiges Informationsmanagement

Das Informationsmanagement als elementarer Bestandteil der heutigen Unternehmensführung umfasst alle Führungsaufgaben, welche sich mit den zugrunde liegenden Informations- und Kommunikationssystemen und -techniken im Unternehmen befassen und soll den im Hinblick auf das Unternehmensziel bestmöglichen Einsatz der Ressource Information gewährleisten.[302]

Wird das in Kapitel 2.2 vorgenommene Verständnis der Nachhaltigkeit mit dem Kontext des Informationsmanagements in Bezug gesetzt, so kann in dieser Arbeit ein *nachhaltiges Informationsmanagement* als unternehmerische Führungsaufgabe definiert werden, welche das Management der Informationen als auch der zugrunde liegenden Informations- und Kommunikationssystemen umfasst und dabei ökonomische, ökologische und soziale Belange adäquat integriert. Mit einem nachhaltigen Informationsmanagement werden so die bisher weitgehend auf die Ökonomie des Informationsmanagements fokussierten Konzepte um die Dimensionen Ökologie und Soziales erweitert und der Fokus auf die Berücksichtigung von zentralem Material und immateriellen Ressourcen gelegt.[303]

Durch den Grundsatz des ganzheitlichen Nachhaltigkeitsmanagements soll eine Sicherung und Verbesserung einer dauerhaften Geschäftätigkeit sichergestellt werden. Als weitere Ziele eines nachhaltigen Informationsmanagements können die Effizienzsteigerung, Kostenreduktion, Risikominimierung und Imageverbesserung durch Schaffung von Transparenz und Glaubwürdigkeit genannt werden.[304] Weiterhin wird auf eine verbesserte Ressourcenausnutzung abgezielt, die u.a. zur Verringerung der CO2-Emissionen führt. Der Zweck eines nachhaltigen Informationsmanagements besteht darin, zur Unternehmensvision und -strategie sowie zu den daraus abgeleiteten strategischen Zielen des Unternehmens beizutragen, in welchen neben ökonomischen auch ökologische und soziale Ziele konkret angesprochen werden.[305] Adressaten eines nachhaltigen Managements sind insbesondere unternehmensinterne Stakeholder (z. B. Fachbereiche, Mitarbeiter) und externe Parteien (z. B. Kunden, Eigentümer, Lieferanten, Geldgeber), die durch verschiedene Wirkmechanismen einen materiellen oder immateriellen Einfluss auf das Unternehmen ausüben und somit zu ökologisch und sozial verträglichen

---

[302] Vgl. Krcmar, H. (2015), S. 109

[303] Vgl. Möller, B. (2014), S. 17

[304] Vgl. Zarnekow, R. (2011), S. 3-5; Erek, K.; Löser, F.; Zarnekow, R. (2013)

[305] Vgl. Schmidt, N.-H.; Zarnekow, R.; Kolbe, L. et al. (2009), S. 464

Wirtschaften anreizen.[306] Grundsätzlich gehört die Nutzung von IT zur Schaffung oder Unterstützung von nachhaltigen Geschäftsprozessen (Green IS) ebenso zu einem nachhaltigen Informationsmanagement wie Green IT bzw. der Nachhaltigkeit innerhalb der IT.[307]

Ein nachhaltiges Wissensmanagementsystem lässt sich demnach dahingehend einem nachhaltigen Informationsmanagement zuordnen, da die ökologische Perspektive bei der Entwicklung inkludiert wird. Der sozialen Komponente wird jedoch im weiteren Verlauf nicht weiter nachgegangen. Nichtsdestotrotz ist zum Gesamtverständnis eines nachhaltigen Informationsmanagements die Kenntnis über alle drei Faktoren essentiell.

Im Folgenden Kapitel sollen ineffektive Datentransfers im Wissensmanagement identifiziert und den Prozessphasen des Wissensmanagements zugeordnet werden. Zur Vermeidung der ineffektiven Datentransfers, soll dieses Kapitel die Basis zum Vorschlag eines Green IS im Kontext des Wissensmanagements legen.

---

[306] Vgl. Freeman, R. E. (2010)
[307] Vgl. Möller, B. (2014), S. 24

4 Ineffektive Datentransfers als Herausforderungen für Wissensmanagementsysteme

"Nichts ist so beständig wie der Wandel"

Softwareprodukte stellen zwar immaterielle Güter dar, können aber in ihrer Nutzung erhebliche Stoff- und Energieströme auslösen.[308] Die Eigenschaften der Software determinieren dabei, welche Hardwarekapazitäten vorgehalten werden und wieviel elektrische Energie in Endgeräten, Netzwerken und Rechenzentren verbraucht wird. IT benötigt natürliche Ressourcen in Form von Energie und Rohstoffen, um Dienstleistungen für die Nutzer zu generieren. Der Zusammenhang zwischen Softwareeigenschaften und dem Bedarf an natürlichen Ressourcen, der durch Herstellung und Betrieb von IKT-Systemen ausgelöst wird, ist dabei bisher wissenschaftlich noch wenig untersucht.[309]

Im ersten Schritt soll in diesem Kapitel der Versuch unternommen werden, ineffektive Datentransfers im Wissensmanagement unter einem ökologischen Gesichtspunkt für diese Arbeit zu definieren. Daraufhin sollen auf Basis einschlägiger Literatur und aktuellen Studien ineffektive Datentransfers im Wissensmanagement identifiziert werden und daraufhin in ihrem Kontext dem Wissensmanagement-Prozess von *Probst et al.* zugeordnet werden.

Damit soll die Erkenntnis über die „Treiber" für den Start von Projekten zu „grünen" Wissensmanagementsystemen erlangt werden. Die Analyse ist für die spätere Konzeption eines „grünen" Wissensmanagementsystems essentiell, um herauszufinden, wie und auf welchen Ebenen das System einwirken sollte.

4.1 Herleitung des Begriffsverständnisses ineffektiver Datentransfers für diese Arbeit

Für die Konzeption eines Wissensmanagementsystems zur Vermeidung von ineffektiven Datentransfers, ist eine Definition von ineffektiven Datentransfers von besonderer Bedeutung. Eine adäquate Definition muss im Rahmen dieser Arbeit folgende Überlegungen berücksichtigen:

---

[308] Vgl. Hilty, L.; Lohmann, W.; Dr. Siegfried Behrendt et al. (2013), S. 7
[309] Vgl. Hilty, L.; Lohmann, W.; Dr. Siegfried Behrendt et al. (2013), S. 7

(1) Was bedeuten *ineffektive Datentransfers* im Kontext von Wissensmanagement?

(2) Was bedeuten *ineffektive Datentransfers* unter einem *ökologischen Gesichtspunkt*?

Allgemein wird unter einem Datentransfer der elektronische Transport von Daten innerhalb eines Computers, oder zwischen zwei Computern unter Zuhilfenahme geeigneter Übertragungsmedien verstanden.[310] Im Zusammenhang von Wissensmanagement soll in dieser Arbeit der elektronische Transfer von Daten[311] mithilfe von Informations- und Kommunikationsmitteln zwischen mindestens zwei Individuen verstanden werden.

Zunächst wird die Beschreibung von ineffektiven Datentransfers in die zwei Bausteine „ineffektiv" und „Datentransfer" zerlegt. Zur Herleitung der Definition wird zunächst die konträre Beschreibung „effektive Datentransfers" erörtert um im Anschluss auf ineffektive Datentransfers zu schließen.

Effektivität gilt allgemein als Beurteilungskriterium, mit dem sich beschreiben lässt, ob eine Maßnahme zur Erreichung eines vorgegebenen Ziels geeignet ist.[312] In diesem Kontext lassen sich die Maßnahmen des Wissensmanagements und die Zielsetzung von Wissensmanagement heranziehen. Die Maßnahmen gilt es demnach auf Effektivität hin zu untersuchen. Das grundsätzliche Ziel eines Wissensmanagementsystems ist es, das organisatorische Lernen zu unterstützen und dadurch den *Aufbau organisatorischen Wissens zu fördern*, indem die Defizite in der *Informationsverteilung, der Kollaboration* und der *Suche nach Informationen und Ansprechpartner*n beseitigt werden soll.

Auf der Basis der von *Probst et al.* vorgeschlagenen Konzeptualisierung von Aktivitäten des Wissensmanagement werden die Wissensbausteine *Wissensverteilung* und *Wissensbewahrung* adressiert. Als ineffektiv lässt sich damit eine Maßnahme unter den angeführten Bausteinen subsumieren, welche sich als ungeeignet für die genannten Zielerreichung eines Wissensmanagementsystems darstellt.

---

310 Vgl. ▷ Datenübermittlung: Definition, Begriff und Erklärung im JuraForum.de
311 Im Sinne der Definition nach Kapitel 2.1.2
312 Thommen, J.-P. (2018)

Nach den in dieser Arbeit geltenden Definitionen und Differenzierung von Daten, Informationen und Wissen konnte festgestellt werden, dass lediglich Daten und Informationen bzw. explizierbares Wissen (siehe Kapitel 2.1.4.1) physisch transferiert werden kann. Auf Unternehmensebene ist das Ziel des Transfers von Daten bzw. von (explizierbarem) Wissen die *Wiederverwendung*, da transferiertes Wissen nur im Fall der Wiederverwendung einen Beitrag zur Wertschöpfung des Unternehmens leisten kann. Ein erfolgreicher Wissenstransfer setzt mit dem Ziel der Wiederverwendung des transferierten Wissens durch den Empfänger sowie seine Anwendung voraus.[313] Beim Empfänger müssen dazu bereits ähnliche Informationen vorliegen, damit durch das transferierte Wissen neues Wissen entstehen kann. Erst wenn diese Prämisse erfüllt ist, handelt es sich demnach um einen Wissenstransfer. Ist der Kontext beim Sender und Empfänger unterschiedlich handelt es sich andernfalls um einen (ineffektiven) Datentransfer.

Nach *Nonaka* und *Takeuchi* stellt der Wissenstransfer die erste Phase von Prozessen zur Generierung organisatorischen Wissens dar[314] (siehe Kapitel 2.2.4.1). Diese Arbeit setzt die *gemeinsame Sprache* zum erfolgreichen Wissenstransfer voraus, das bedeutet, der Sender und Empfänger müssen gleiche Alphabete, gesprochene Sprachen, Abbildungskonventionen, Ausdrucksformen für Gestik und Mimik etc. kennen.[315] Diese Hürde könnte man gegeben falls durch eine Übersetzungssoftware überbrücken bzw. durch die Definition einer im Unternehmen einheitlichen Geschäftssprache z.B. englisch. Schwieriger verhält es sich mit der *Bedeutung der transferierten Daten*.

Ein ineffektiver Datentransfer im Kontext von Wissensmanagement liegt demnach vor, wenn:

(1) Die transferierten Daten des Senders beim Empfänger nicht mit vorherigen Informationen verknüpft werden können und damit kein (organisatorisches) Wissen wachsen kann. Die Wahl des richtigen Ansprechpartners durch eine jeweilige Kommunikationsform (z.B. E-Mail) ist demnach für einen effektiven Austausch entscheidend. Erst wenn die Voraussetzung des Kontexterschließung der Daten beim Empfänger erfüllt ist, werden die Daten zu Informationen und durch die Verknüpfung mit vorhandenen

---

[313] Vgl. Thiel, M. (2013), S. 32
[314] Vgl. Ikujiro Nonaka; Hirotaka Takeuchi (1995), S. 84
[315] Vgl. Riempp, G. (2012), S. 70

Informationen schlussendlich zu Wissen. Dieses kann daraufhin wiederverwendet werden und dadurch zur Wertschöpfung des Unternehmens beitragen. In diesem Fall handelt es sich um einen effektiven Datentransfer bzw. Wissenstransfer. *Riempp* nennt das in seinem erweiterten Modell des Wissensaustausches die *Kontext-Bewältigungsfähigkeit,* welche die Befähigung des Empfängers beschreibt, die ankommenden Informationsobjekte inklusive Kontextes mit Hilfe ihres mentalen Modells erklären und anschließend reflektieren zu können.[316]

(2) Die *Kontext-Bewältigungsfähigkeit* des Empfängers von (1) stellt demnach überhaupt die Voraussetzung für einen Wissenstransfer dar. Ist dieser Punkt bei der Übertragung erfüllt, handelt es sich aber nicht zwangsweise um einen effektiven Daten – bzw. Wissenstransfer. Werden beispielsweise *irrelevante Daten* übertragen, werden diese Daten nicht weiter zum Aufbau des organisatorischen Wissens verwendet und trägt demnach auch nicht zur Wertschöpfung des Unternehmens bei. *Riempp* führt dazu einen *Relevanzfilter* an, welcher die initiale Analyse des Empfängers beschreibt, ob eingehende Informationsobjekte überhaupt bedeutungsvoll für sie sind. Nur wenn der Empfänger Interesse an den Abbildungsversuchen von dem Sender findet, wird sie die Anstrengung der Reflexion und Adaptation unternehmen.[317] *Irrelevanter Datentransfer* liegt also dann vor, wenn der Datentransfer keinen Mehrwert im Sinne von einer neuen Erkenntnis beim Empfänger liefert. Um beim Beispiel der E-Mail zu bleiben, wären dies beispielsweise alltägliche Floskeln wie „Dankeschön".

(3) Der immer schnellere Wandel führt dazu, dass Informationen schnell ihre Aktualität verlieren. Sollte demnach der Austausch veralteter Daten stattfinden, kann der Datentransfer als ineffektiv bezeichnet werden.

Ist ein Charakteristikum ineffektiver Datentransfers nach (1),(2),(3) erfüllt, resultiert daraus auch ein ineffektiver Datentransfer unter einem *ökologischen Gesichtspunkt.* Dies ist unter der Annahme zu begründen, dass jeder Datentransfer Energie in Form von Strom verbraucht und dadurch ein Verbrauch natürlicher Ressourcen stattfindet.

---

[316] Vgl. Riempp, G. (2012), S. 70
[317] Vgl. Riempp, G. (2012), S. 70

Bei einem Datentransfer ist dem *kleinstmöglichen Verbrauch* natürlicher Ressourcen nachzugehen. Dazu kann die Definition der R*essourceneffizienz* herangezogen werden. In der *VDI Richtlinie 4800* wird Ressourceneffizienz als "*Verhältnis eines bestimmten Nutzens oder Ergebnisses zum dafür nötigen Ressourceneinsatz*" verstanden. [318] Handelt es sich im Sinne von (1),(2) oder (3) um einen ineffektiven Datentransfer wird zwar kein Nutzen im Sinne des Wissensmanagementsystems erzielt, jedoch trotzdem ein Ressourceneinsatz in Form von Energie gefordert (Ressourceninneffizient). Zudem muss bei der Wissensbewahrung die Art und Menge der Daten berücksichtigt werden, welche es zu speichern gilt, um den *kleinstmöglichen Verbrauch von Energie* bei der Nutzung von Informations- und Kommunikationsmitteln für den Datentransfer zu erkennen. Bei sehr großen Datenmengen muss abgewägt werden, ob sich beispielsweise Cloud-Speicher zur Ablage von Dokumenten eher eignen, statt die Dokumente per E-Mail an verschiedene Mitarbeiter zu versenden.

Zusammenfassend lässt sich der effektive Datentransfer für diese Arbeit wie folgt definieren.

> Im Rahmen der Wissensbausteine Wissensverteilung und Wissensbewahrung handelt es sich um einen effektiven Datentransfer, wenn aktuelle, relevante Daten für den richtigen Empfänger transferiert werden und dieser Transfer auf dem ressourceneffizientesten Informations- und Kommunikationsmittel geschieht.

4.2 Aufschlüsselung des IKT-Ressourcenverbrauchs

In Kapitel 3.1.5 wurden die IT-induzierten Emissionen im Allgemeinen dargestellt. Das vorliegende Kapitel hat zum Ziel die Emissionen eines Informationssystems auf kleinstmöglicher Ebene aufzuschlüsseln, um im darauffolgenden Schritt die Emissionen den Kategorien der „ineffektiven Datentransfers" zuzuordnen.

Im Auftrag des Umweltbundesamtes durchgeführten Studie zur Ermittlung des Ressourcenbedarfs einzelner Software wurde die *methodische Herausforderung* des Vorgehens hervorgehoben, da jedes isoliert betrachtete Softwareprodukt immer nur als Teil eines *komplexen* IKT-Systems und damit in Wechselwirkung mit anderen Hard- und Softwarekomponenten (und dem Nutzer/der Nutzerin) seine Funktion erfüllt.[319]

---

[318] Zitiert nach wiki.induux.de (2016)
[319] Vgl. Hilty, L.; Lohmann, W.; Dr. Siegfried Behrendt et al. (2013), S.

Datentransfers im Rahmen der *Wissensverteilung* werden im laufenden Betrieb bestimmter Informationssysteme z.B. mittels E-Mail-Programms ausgeführt. Unter diesen Bedingungen ist die Messung des Energieverbrauch der einzelnen Komponente vor besonderen Herausforderungen gestellt[320]:

> „Measuring the real energy consumption of a system under a specific workload is usually very hard and, most of the time, the precision of the results is very poor. In fact, energy consumption of devices changes in a non linear way depending on the load."

Um eine strukturierte Herangehensweise zu verfolgen wird die Aufgabe in zwei Schritten untergliedert.

(1) Im ersten Schritt werden die verursachten Emissionen auf die anteiligen IT-Infrastruktur-Komponenten dargestellt.

(2) Im zweiten Schritt werden im folgenden Kapitel unter Zuhilfenahme vorhandener Studien die Energieverbräuche der ineffektiven Datentransfers kennzahlenbasiert dargestellt sowie den einzelnen Komponenten zugeordnet.

Die weltweite ökologische Belastung der IKT wurde durch Analysten der GARTNER GROUP ermittelt. In diese Berechnung ist der Energieverbrauch von PC und Servern, Festnetz- und Mobilfunk-Telefonie, lokalen Netzen, Druckern und behördlichen und privaten Rechenzentren eingeflossen. Seit 2002 haben sich die CO_2e-Emissionen in der IKT-Branche kontinuierlich um 5,5 % erhöht.[321]

Abbildung 24 stellt die unterschiedlichen Bereiche dar, auf welche die CO_2e-Emissionen anteilig anfallen.

---

[320] Vgl. Vitali, M.; Pernici, B. (2014), S. 11
[321] Vgl. Boston Consulting Group (BCG) (2009), S. 19

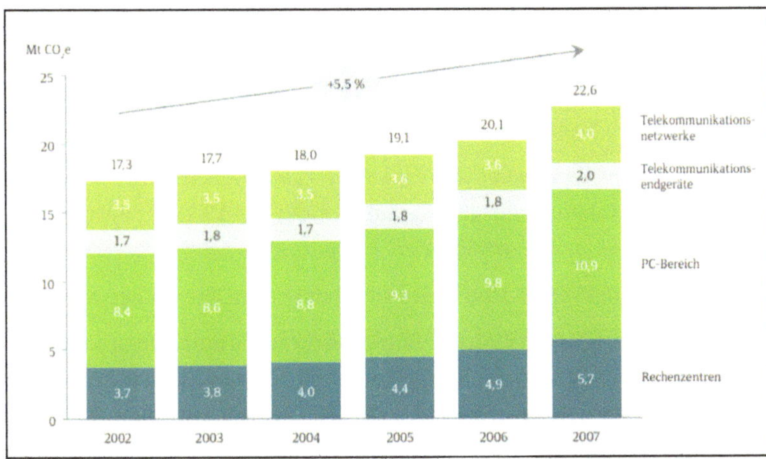

Abbildung 24: CO2e-Emissionen in der IKT-Branche und deren Entwicklung in Deutschland

(Quelle: Boston Consulting Group (BCG) (2009), S. 19)

Emissionen aus *Rechenzentren* fallen durch den Betrieb von Servern, Speichersysteme, Router und Switche und für die entsprechende Infrastruktur (Kühlung, Speicher und Netzwerk) an. Sie haben einen durchschnittlichen Anteil von 23 % an der gesamten CO2e-Emission im Bereich der IKT.[322] In diesem Bereich ist mit einem immensen Anstieg zu rechnen, der vor allem durch die global rasant steigende Nutzung internetbasierter Dienste, welche jährlich um ca. 34% anwächst, zu begründen ist.[323] Allein das Internetportal Google betreibt rund 450.000 Server und verursacht damit einen Verbrauch von 800 Gigawattstunden (GWh) pro Jahr. Eine Google-Suchanfrage verbraucht demnach durchschnittlich 4 Wh Strom, die mit einer Emission von ca. zwei Gramm CO2 verbunden ist.[324] Unterstützt wird dieser Effekt durch das immer größer werdende Informationsaufkommen, das zusätzlichen Speicherbedarf bedingt.

Emissionen im *PC-Bereich* entstehen durch den Betrieb von Desktops, Laptops, Monitoren und sonstigen Hardwaregeräten. Insgesamt sind diese Emissionen für durchschnittlich 49 % der IKT-CO2e-Emissionen verantwortlich.[325]

---

[322] Boston Consulting Group (BCG) (2009), S. 19

[323] Vgl. Keuper, F.; Neumann, F. (2009), S. 417

[324] Vgl. Keuper, F.; Neumann, F. (2009), S. 417

[325] Boston Consulting Group (BCG) (2009), S. 19

Telekommunikationsendgeräte wie Mobiltelefone, Festnetztelefone und Router verursachen Emissionen durch den Stromverbrauch bei aktuellem Betrieb wie auch im Standby-Modus. Die dadurch verursachten CO2e-Emissionen belaufen sich auf durchschnittlich 10 %.[326]

Emissionen der *Telekommunikationsnetzwerke* entstehen durch den Betrieb von Festnetz- und Mobilfunkanlagen, die zusammen etwa 19 % der durchschnittlichen IKT-CO2e-Emissionen verursachen.[327]

Die IKT bedingten Verbräuche lassen sich demnach in vier Kategorien gliedern.

Eine präzisiertere Kalkulation des Energieverbrauchs durch verschiedene Komponenten am eigenen Computer kann durch eine Software-Anwendung durchgeführt werden. Die Firma *Microsoft* entwickelte 2010 eine Anwendung zur Kalkulation und Optimierung des Energieverbrauchs von Computern.[328] Das sogenannte *„Joulemeter"* bietet ein Modellierungswerkzeug zur Messung des Energieverbrauchs von virtuellen Maschinen (VMs), Servern, Desktops, Laptops und einzelnen Softwareanwendungen, die auf einem Computer ausgeführt werden. Es ermöglicht auch die Modellierung der Auswirkungen der Energieverbräuche verschiedener Infrastruktur-Komponenten wie CPU, Bildschirm und Speicher (Siehe Abbildung 25).

---

[326] Boston Consulting Group (BCG) (2009), S. 19
[327] Boston Consulting Group (BCG) (2009), S. 19
[328] Vgl. Microsoft (2010)

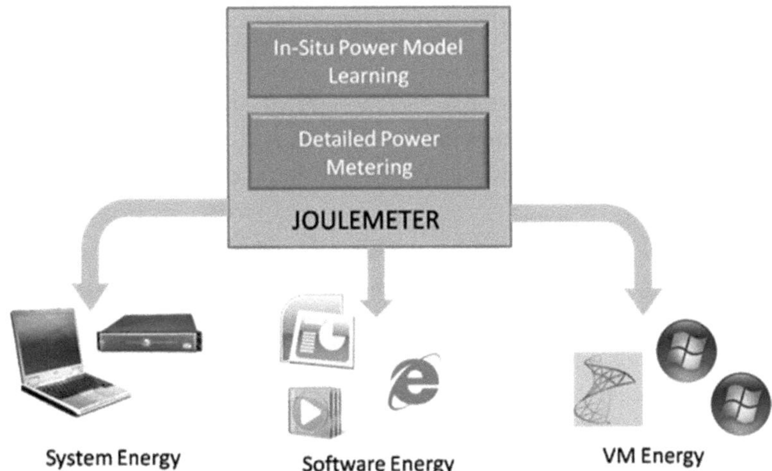

Abbildung 25: Microsoft „Joulemeter" zur Messung des Energieverbrauchs von Computer-Komponenten
(Quelle: Microsoft (2010))

Joulemeter schätzt den Energieverbrauch einer VM, eines Computers oder einer Software, indem es die verwendeten Hardwareressourcen (CPU, Festplatte, Speicher, Bildschirm usw.) misst und den Ressourcenverbrauch auf der Grundlage automatisch erlernter realistischer Leistungsmodelle in den tatsächlichen Energieverbrauch umrechnet.[329] Es werden demnach anhand eines Rechenmodells die Energieverbräuche der einzelnen Komponenten aufgeschlüsselt und die Ersparnis von Energiesparmaßnahmen kalkuliert.

4.3 Einordung in den WM-Prozess

Für die Konzeption eines „Green Knowledge Management Systems" werden die Wissensbausteine-Bausteine nach *Probst et al.* herangezogen, welche eine Strukturierung des Konzeptes ermöglichen. In Kapitel 2 wurden die verschiedenen Interventionsebenen des Wissensmanagements genannt, wobei der Fokus der Untersuchung dieser Arbeit auf der „Technik"- Ebene liegt. Der Vorschlag zur Vermeidung ineffektiver Datentransfers soll sich im Hinblick auf die Definition im Folgenden auf die Bausteine *Wissensverteilung* und *Wissensbewahrung* fokussieren.

---

[329] Microsoft (2010)

Die ineffektiven Datentransfers werden folgerichtig zwei Komponenten des Energieverbrauchs zugeordnet:

(1) *Transfer:* Bei der Wissensverteilung haben ineffektive Datentransfers unmittelbare Auswirkungen auf die Ökobilanz. Durch die Nutzung von z.B. E-Mail Servern zum Datenaustausch wird Strom in den Rechenzentren verbraucht.

(2) *Speicherung:* Bei der Wissensbewahrung verbrauchen Rechenzentren Energie zur Speicherung der Daten (Kühlung, Speicher und Netzwerk). Das heißt, selbst wenn momentan kein Datentransfer stattfindet wird Energie verbraucht. Ist ein ineffektiver Datentransfer in Form von dem Transfer von z.B. veralteten Daten stattgefunden, werden diese gespeichert; wird auch hier Strom benötigt.

4.4 Auswirkungen von ineffektiven Datentransfers

„Wissen entsteht zwischen Menschen, nicht zwischen Festplatten ... Die Technologie macht es möglich, früher undenkbare Datenmengen aufzuhäufen – doch aus Informationen wird nicht automatisch Wissen."[330]

Nur ein kleiner Anteil an befragten Firmen halten den Transfer des im Unternehmen vorhandenen Wissens für gut beziehungsweise sehr gut; fast 15 Prozent der Arbeitszeit wird mit ineffizienter Kommunikation verschwendet.[331]

Im Folgenden sollen ineffektive Datentransfers in der Wissensverteilung und Wissensbewahrung aufgeführt werden.

4.4.1 Daten- und Informationsflut

Sind die notwendige Hard- und Software verfügbar, ist theoretisch jede digitalisierte Information jederzeit verfügbar.[332] Durch Techniken des Kopierens und Zitierens werden diese Informationen regelmäßig wiederverwendet und erzeugen wiederrum neue Informationen.[333] Diese Art der iterativen Verwendung und Reproduktion hat ein exponentielles Wachstum der weltweit verfügbaren Informationen zur Folge. Nach *Meadows et al.* stellt sich exponentielles Wachstum stets dann

---

[330] Financial Times Deutschland (2002)

[331] Vgl. Ladner, R. (2017)

[332] Vgl. Reinmann, G.; Mandl, H. (1997), S. 13

[333] STEIGER, C. (2000), S. 13

ein, *„wenn entweder eine wachsende Größe sich selbst reproduziert – oder aber, wenn eine Größe durch eine andere, sich selbst reproduzierende Größe zum Wachstum getrieben wird."*[334] Durch den Gebrauch des Produktionsfaktors „Information" wird ein Ressourcenzuwachs bewirkt, was einen signifikanten Unterschied zu den klassischen Produktionsfaktoren Boden, Arbeit und Kapital darstellt, deren Verwendung einen Ressourcenverbrauch hervorruft.[335] So verdoppelt sich laut Experten das Datenvolumen alle zwei Jahre.[336]

Eine weitere Ursache der kontinuierlich wachsenden digitalen Informationsbeständen stellt die intensive Nutzung neuer Kommunikations- und Austauschmöglichkeiten wie E-Mail und Inter-/Intranet sowie steigende Speicherkapazitäten bei gleichzeitig sinkenden Speicherkosten dar.[337] Auch aus dem Grund der Nachvollziehbarkeit werden viele Arbeitsschritte und -ergebnisse dokumentiert und verwahrt.[338] Die Folge ist, dass heute in den meisten Unternehmen zahlreiche Informationen existieren. Allgemein bilden Informationen die Grundlage für unternehmerische Entscheidungen.[339] Deshalb werden vor dem Fällen einer Entscheidung Informationen herangezogen, welche zur Absicherung der Entscheidungskorrektheit Hilfe leisten sollen. Dabei gilt es den *Umfang* der verwendeten Informationen sowie den *Aufwand* für deren Beschaffung gegeneinander abzuwägen.[340] Schnelle Entscheidung sind gewöhnlich mit Unsicherheit behaftet, wohingegen sichere Entscheidungenmehr Zeit benötigen. Nicht nur zu wenig sondern auch zu viele Informationen verschlechtern demnach die Qualität von Entscheidungen im Unternehmen.[341] Sind zu wenig Informationen vorhanden, müssen diese in entsprechendem Umfang beschafft werden. Sind dagegen zu viele Informationen vorhanden, müssen diese in einem für die Verwendung hinreichenden Maß aufbereitet und verdichtet werden (siehe Abbildung 26).

---

334 Zitiert nach STEIGER, C. (2000), S. 13
335 Vgl. Probst, G.J.B.; Romhardt, K. (1996), S. 15
336 Jüngling, T. (2013)
337 Vgl. STEIGER, C. (2000), S. 13
338 Vgl. STEIGER, C. (2000), S. 13
339 Vgl. STEIGER, C. (2000), S. 15
340 Vgl. STEIGER, C. (2000), S. 13
341 Vgl. STEIGER, C. (2000), S. 13

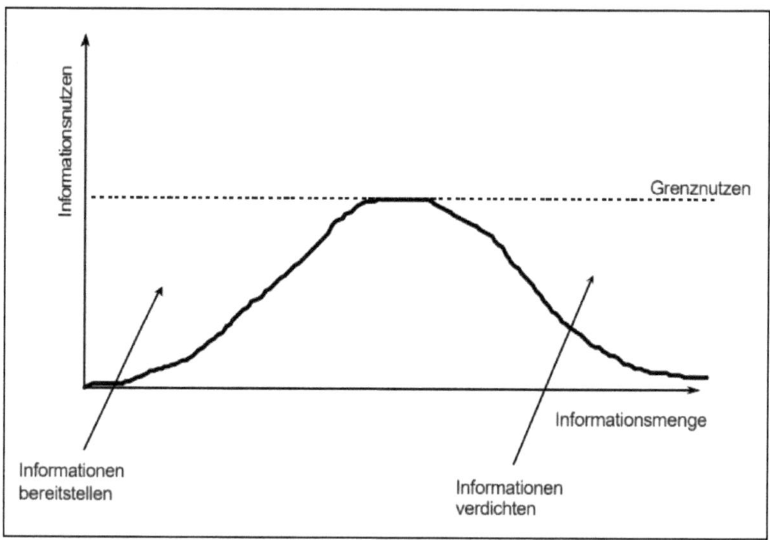

Abbildung 26: Grenznutzen der Information
(Quelle: STEIGER, C. (2000), S. 15)

Die Zeit zur Prüfung und Auswertung der Informationen im Kontext organisatorischer Fragestellungen wird jedoch immer knapper.[342] Da mehr Informationen angeboten als verarbeitet werden können, gehen die *relevanten* Informationen schnell unter. In Bezug auf das Phänomen "Wissensgesellschaft" bedeutet dies, dass die Mitarbeiter quantitativ, jedoch nicht qualitativ, überinformiert sind. Es tritt ein Mangel an Wissen ein.[343] Daraus folgen Herausforderungen mit der qualitativen Informationsbeschaffung und -bearbeitung. Diese kann innerhalb der Datenflut aufgrund der daraus resultierenden Schwierigkeiten nicht mehr richtig organisiert werden[344] und zwingt die Mitarbeiter viel Zeit für die Suche nach Informationen aufzubringen.[345] Aufgrund der Informationsflut steigen so die finanziellen Aufwände der Informationsbeschaffung bzw. des *Sammeln, Speichern und Verwalten* von Informationen durch zunehmend mehr Personal- und Materialkosten und dies bei konstanter Entscheidungsqualität und damit keinem angemessenem

---

[342] Lasogga, F. (2001)

[343] Lasogga, F. (2001)

[344] Vgl. Markstahler, S. (2004)

[345] Vgl. Cerebrix.de (2010)

gegenüberstehendem Nutzen.[346] Diese Entwicklung lähmt zunehmend die Entscheidungsfähigkeit der Unternehmen und ihrer Mitarbeiter. Insbesondere Manager sind davon betroffen, da sie stark abhängig von Informationen sind. Laut einer Umfrage eines Wirtschaftsjournals verbringen amerikanische Manager im Durchschnitt 25% ihrer Arbeitszeit oder sechzig Arbeitstage pro Jahr mit der Suche nach Information.[347]

Ein betriebliches Alltags-Szenario, in welchem die Auswirkungen der Informationsflut ersichtlich wird, ist beispielsweise das E-Mail Aufkommen, mit welchen Mitarbeitern konfrontiert werden und welches insbesondere von Führungskräften nicht mehr „wirtschaftlich zu bewältigen" ist.[348] Obwohl 53 Prozent der deutschen Arbeitnehmer E-Mails als „Produktivitätskiller" empfinden,[349] gelten sie heute als das am meist verwendete unternehmensinterne und -externe Kommunikationswerkzeug.[350] Im Hinblick auf Wissensmanagement wurde es als zweit häufigstes KM-Tool nach dem Intranet identifiziert.[351]

Die Möglichkeit der E-Mail Nutzung zur Wissensverteilung im Unternehmen ist demnach weitverbreitet. Die Übertragung *irrelevanter Daten* kann als einen Grund genannt werden, welcher die Art des Wissenstransfers bzw. Datentransfer ineffektiv im Sinne von Kapitel 4.1 macht. Zu beachten dabei ist, dass der Auslöser für diese Informationsüberflutung nicht das jeweilige Medium an sich darstellt, sondern viel eher der undifferenzierte Umgang mit Informationen.[352] Beispiele, in der die Nutzung der E-Mail zweckentfremdet wird, führt *Prinz* an[353]:

- zum Dialog mit Kollegen, zum Fragen stellen o. ä.,

- als Transportmittel zum Austausch und zur Verteilung von Dokumenten,

- zur Diskussion eines Themas in einer Gruppe oder über einen Verteiler,

---

[346] Vgl. STEIGER, C. (2000), S. 15

[347] Tauber, A. (2013)

[348] Hackmann, J. (2014)

[349] Ladner, R. (2017)

[350] Jackson, T.; Dawson, R.; Wilson, D. (2001)

[351] Lichtenstein, S.; Swatman, P. (2003)

[352] „Allen, die über die Informationsüberflutung klagen, ist jedoch am Ende des Tages nicht bewusst, dass die eigentliche Ursache nicht im Medium, sondern in ihrem undifferenzierten Umgang mit der hereinströmenden Information liegt". (Schädler 2009, S.192).

[353] Prinz, W. (2014)

- zur Information einer größeren Gruppe von Mitarbeitern über einen Verteiler,
- zur Abstimmung von Terminen, Agenden und zur Verteilung von Sitzungsunterlagen,
- zur Verteilung von Aufgaben und entsprechenden Statusabfragen,
- zur Frage nach der Erreichbarkeit und Anwesenheit von Kollegen.

Nachdem die Gründe der Informationsflut aufgeführt wurden, gilt es die ökologischen Ausmaße zu erörtern.

2014 wurden gemäß einer Studie der *Radicati Group* pro Tag beinahe 200 Milliarden E-Mails verschickt.[354] Der Energiebedarf für das Versenden von Mails weltweit so hoch war wie der jährliche Stromverbrauch der Schweiz.[355] Eine durchschnittliche E-Mail verbraucht ca. vier Gramm Co2[356], andere Quellen sprechen von zehn Gramm Co2.[357] Ein Brief, der auf Papier geschrieben und mit der Post verschickt wird, verursacht dagegen im Schnitt zwanzig Gramm CO2. Wobei der Großteil davon auf den Transport zurückzuführen ist. Die beim Briefversand verbrauchten zwanzig Gramm CO2 sind zwar doppelt so hoch wie der durchschnittliche CO2-Ausstoß beim E-Mail-Versand, allerdings werden E-Mails werden viel häufiger verschickt als Briefe. Es stellt sich der sogenannte *„Rebound Effekt"* ein. Das bedeutet, dass E-Mails zwar zum Briefverkehr eine Effizienzsteigerung darstellen und die Energiekosten geringer sind, jedoch werden heutzutage weit mehr Mails als Briefe versendet. Die ursprünglichen Energieeinsparungen werden so teilweise wieder aufgehoben.[358]

Der ökologische Fußabdruck elektronischer Post entsteht primär durch den Strom, der in den Rechenzentren eingesetzt wird, aber auch durch die Art und Weise, wie E-Mails abgerufen und gelesen werden. E-Mails aus dem Mobilfunknetz herunterzuladen, verbraucht fast zehnmal so viel Strom als aus dem WLAN. Dazu kommt der Strom für Produktion und Nutzung von Smartphone, Router, Notebook,

---

[354] Vgl. Zitiert nach Watson.ch (2015)
[355] Watson.ch (2015)
[356] Watson.ch (2015)
[357] Vgl. Henn, S. (2018)
[358] nachhaltiger-warenkorb.de (2019)

Desktop-PC und Bildschirm. Je nach Gerät kann dies den tatsächlichen Verbrauch noch beträchtlich steigern. Man spricht deshalb von „versteckten Emissionen".[359]

Da unzählige Prozesse unmittelbar und mittelbar betroffen sind, kann man an diesem Beispiel kann man auch erkennen, wie komplex das Vorhaben ist, den Einsatz von digitaler Technologie und seine Auswirkungen auf die Energieeffizienz ganzheitlich zu bewerten. Festzuhalten ist aber, dass jeder Datentransfer Ressourcen verbraucht und damit auch jede „irrelevante" verteilte Information die Ökobilanz beeinflusst.

4.4.2 Intransparenz

Eine häufig durch die Informationsflut abgeleitete Frage ist, wo sich relevante Informationen im Unternehmen befinden. *Heinrich von Pierer* hat den Satz ausgesprochen *„Siemens weiß nicht was Siemens weiß"* und damit das Kernproblem treffend beschrieben. Denn anders als noch vor wenigen Jahren, mangelt es nicht an der Menge an Wissen selbst, sondern am Wissen über die Existenz vorhandenen Wissens.[360] Ohne die notwendigen Informationen über das Wissen in einem Unternehmen kann jedoch eine Planung der Ressource nicht durchgeführt werden.[361]

Der Mehrwert einer unternehmensweiten Expertensuche ist allgemein unbestritten.[362] Mitarbeiter haben die Möglichkeit zur Lösung ihrer Aufgaben durch andere spezialisierte Mitarbeiter unterstützt zu werden. Dies kann auf diese Weise erhebliche Zeit- und Geldressourcen einsparen. Doch durch das Problem der fehlenden Transparenz über Mitarbeiterkompetenzen in großen oder verteilten Organisationen kann das Potential zum organisatorischen Wissensaufbau nicht angemessen genutzt werden. Durch die Intransparenz der unternehmensweiten Kompetenzprofile wird der gezielte Wissensaustausch zu bestimmten Problemen also unmöglich oder erschwert.[363]

Häufig befinden sich demnach gesuchte Informationen innerhalb des Unternehmens, das bedeutet, abhängig von der jeweiligen Wissensart, bei den Mitarbeitern oder auf systemischen Trägern. Da jedoch Wissen und Informationen in einem Unternehmen breit gestreut sein können, kann durch fehlende technische Strukturen

---

[359] Vgl. nachhaltiger-warenkorb.de (2019)

[360] Vgl. Wissensmanagement das Magazin für Digitalisierung (2010)

[361] Vgl. Probst, G.; Raub, S.; Romhardt, K. (2013), S. 213

[362] Koch, M. (2008)

[363] Vgl. Riempp, G. (2012), S. 48

die Komplexität der Suche nach vorhandenen Informationen oder Mitarbeitern deutlich erschwert werden. Auch der Umgang mit Informationen forciert das Problem der Intransparenz. So werden vorhandene Informationen nicht immer zu Wissen, welches nutzbringend, z.B. zur Geschäftsprozessoptimierung, eingesetzt werden kann. Stattdessen werden die Informationen als Papier- oder elektronische Dokumente abgelegt und damit weggelegt.[364] Andernfalls kann die Verwaltung mit Hilfe von Dokumenten-Management-Systemen erfolgen. Doch das Resultat sind häufig große Datenarchive, die ungeplant wachsen und somit unübersichtlich und schwer kontrollierbar sind. Dies zeigt sich deutlich, da im Durchschnitt 80% der Informationen in unterschiedlichen Datenbanken abgelegt werden.[365]

Auch bei der Dokumentensuche kommt so der Suchende nicht immer zum erhofften Ziel. Stattdessen wird der Suchende häufig mit seitenlangen Trefferlisten konfrontiert.[366] Die gefundenen Dokumente passen eventuell nicht mit den eingegebenen Suchbegriffen überein, sind veraltet oder anderweitig irrelevant. Das Ergebnis ist eine zeitintensive Recherche, welche nicht immer erfolgreich endet. Studien belegen, dass circa 30 Prozent Arbeitszeit im administrativen Bereich für die Suche und Ablage von Dokumenten verschwendet wird.[367]

Die Voraussetzung spezielle Informationen in dem riesigen Angebot an Daten zu finden, liegt demnach in der Fähigkeit relevante Informationen zu selektieren und zu bewerten. Eine Orientierung in den riesigen Informationsmengen scheint dabei ohne technische Unterstützung kaum mehr möglich. Organisationen gebrauchen daher unterschiedliche Suchtechnologien, jedoch oft nur mit begrenztem Erfolg.[368] Bei reinen Schlüsselwortsuchen werden wichtige Dokumente übersehen. Eine Volltextsuche ist zeitaufwändig und nicht effektiv.

Eine sinnvolle Informationsselektion ist deshalb zusätzlich notwendig. Informationen stellen keinen Wert an sich dar, vielmehr gilt es, Informationen im Aufgabenkontext gezielt verfügbar zu machen und einzusetzen. Die Fähigkeit Bedeutung und Sinn im Kontext zu konstruieren und Zusammenhänge herzustellen, besitzen aber derzeit nur Menschen.[369] Den Kontext zu erschließen und Informationen mit

---

[364] Lasogga, Dr. rer. pol. Frank (2001)

[365] Vgl. Krämer, S. (2009)

[366] Lehnert, O. (2010a)

[367] Joos, M. (2012)

[368] Wissensmanagement das Magazin für Digitalisierung (2010)

[369] Vgl. Reinmann, G.; Mandl, H. (1997), S. 13

vorhandenen Informationen zu verknüpfen, verläuft dabei bei jedem Menschen individuell, da wie in Kapitel 2.1.3 dargestellt, die Informationen auf individuellen Erfahrungen beruhen, was einen sehr heterogenen Wissensstand der Menschen impliziert. Festzuhalten ist also, dass Informationen für jeden unterschiedlich relevant sind. Dies verdeutlicht die Herausforderung diese Fähigkeit software-technisch zu realisieren.

Der Punkt der Intransparenz stellt sich als Herausforderung für die Zuordnung zum Energieverbrauch auf die IT- Komponenten dar. Zwar verbraucht jede Suchanfrage in den Rechenzentren Strom, jedoch ist die Intransparenz primär auf die fehlenden technischen Strukturen und die Informationsflut zurückzuführen. Die Herausforderung besteht demnach im Zusammenhang mit dem Punkt der Informationsflut, welche es entgegen zu wirken gilt. Damit kann auf eine transparentere Informationsbasis zugegriffen werden, welche den Datenverbrauch im Allgemeinen senkt.

4.4.3 Defizitäre Datenbestände

„Information, die informieren sollen, muss in irgendeiner Art und Weise die Qualität der Neuartigkeit in sich tragen".[370] Ineffektive Datentransfers betreffen nach der Definition auch die Verteilung und Speicherung veralteter Informationsbestände.

Die im vorherigen Abschnitt angeführte fehlende Transparenz kann bei den Mitarbeitern zu Doppel-Spurigkeiten führen, welche Ressourcenverschwendungen bedingen. Elektronische Daten- und Informationssysteme lassen sich häufig mit „Datenfriedhöfen" vergleichen.[371] Werden dennoch aufgrund von geringer Alternativauswahl auf diese zugegriffen, so sind die Informationen häufig veraltet. Statt demnach sämtliche Informationen im Unternehmen zu speichern, gilt es vielmehr das bewahrungswürdige, wertvolle Wissen innerbetrieblich zu bewahren. Dies impliziert die regelmäßige Aktualisierung der gespeicherten Wissensteile, welche notwendig sind, damit Entscheidungen auf „aktuellem" und nicht auf „veraltetem" Wissen getroffen werden können.[372] Die Datenspeicherung verursacht primär Datenverbrauch in den Rechenzentren

---

[370] Vgl. zitiert nach Krcmar, H. (2015), S. 17
[371] Vgl. Hüppe, S. (2014)
[372] Vgl. zitiert nach Hüppe, S. (2014)

In Deutschland gehen nach Berechnungen des *Borderstep Instituts* zwei Prozent des gesamten Stromverbrauchs in die Rechenzentren.[373] Neu geplante und gebaute Rechenzentren verfügen zwar in der Regel über eine sehr effiziente Kühlung mit Außenluft. Dennoch ist der Energiebedarf der Rechenzentren in Deutschland in der Vergangenheit angestiegen (siehe Abbildung 27: Energiebedarf der Server und Rechenzentren in Deutschland

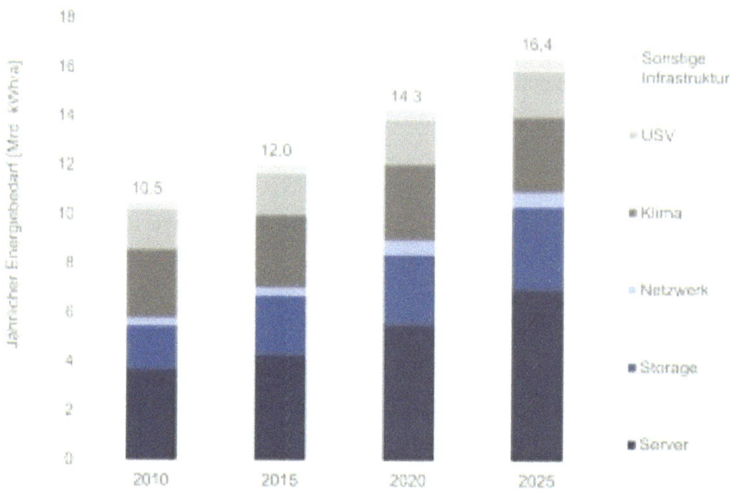

Abbildung 27: Energiebedarf der Server und Rechenzentren in Deutschland (Quelle: Hintemann, R. (2016))

War der Strombedarf der Rechenzentren in der Vergangenheit noch meist lediglich zur Hälfte durch die eigentlichen IT-Komponenten bestimmt, so steigt deren Anteil mittlerweile deutlich an.[374] Insbesondere der Strombedarf der *Datenspeicherung* nimmt stark zu. Trotz Technologien zur Datenkomprimierung und De-Duplikation verursacht das steigende Datenvolumen in Rechenzentren einen immer höheren Strombedarf. Bei einzelnen Rechenzentren beträgt der Strombedarf der Speichersysteme heute bis zu 50 Prozent des gesamten Strombedarfs der IT.[375]

---

[373] Vgl. Hintemann, R. (2016)

[374] Hintemann, R. (2016)

[375] Hintemann, R. (2016)

Dem gestiegenen Energiebedarf der Rechenzentren steht ein um ein Vielfaches gestiegener Output gegenüber. Die IT-Leistung der Rechenzentren ist in der Vergangenheit enorm angestiegen.[376] Bezogen auf ein einzelnes Rechenzentrum ist es aber bis heute nicht möglich, den Output standardisiert so zu messen, dass quantitative Aussagen über die Entwicklung der Energieeffizienz und ein Vergleich verschiedener Rechenzentren möglich sind. Bisherige Versuche, geeignete Kennzahlen zu entwickeln, scheiterten an der Komplexität und an der Vielfalt der internen Software-Prozesse, mit denen IT-Hardware belastet wird, um seinen eigentlichen Zweck in der Applikation zu erfüllen.[377]

4.5 Schlussfolgerung für die Konzeption

Die Analyse der ineffektiven Datentransfers im Wissensmanagement kam zu folgenden Ergebnissen:

(1) Die Daten- und Informationsflut führt zu dem paradoxen Phänomen, dass ein Mangel an Wissen bei den Mitarbeitern eintritt. Durch die Überflutung an Informationen wird es immer aufwändiger, relevante Informationen zu selektieren. Software-technische Hilfsmittel zur Wissensverteilung wie die E-Mail werden häufig zweckentfremdet und verstärken das Phänomen. Die Daten- und Informationsflut lässt sich der defizitären *Wissensverteilung* zuordnen.

(2) Durch die Informationsflut ausgelöste Intransparenz über Experten oder Informationen kann vorhandenes Wissen, wenn überhaupt, schwer gefunden werden. Bei verteilten Datenablagen und komplexen technischen Strukturen kann der Aufbau organisationalen Wissens blockiert werden, da keine Kenntnis über andere Kompetenzprofile vorliegen. Die Intransparenz lässt sich der defizitären *Wissensbewahrung* zuordnen.

(3) Bei der Wissensspeicherung werden häufig verschiedene Datenbanken zur Ablage verwendet. Dadurch kann es zu Doppelungen und veralteten Daten führen. Die defizitären Datenbestände lassen sich der defizitären *Wissensbewahrung* zuordnen.

---

[376] Hintemann, R. (2016)
[377] Hintemann, R. (2016)

Die Defizite der Wissensverteilung und Wissensbewahrung haben unmittelbare Auswirkungen auf die ökologische Bilanz. Dabei führen die ineffektiven Datentransfers primär zum Energie-Verbrauch in den Rechenzentren. Es wurde festgestellt, dass der Energieverbrauch der Rechenzentren durch die IT-Komponenten kontinuierlich steigt. Übertragen auf die Wissensverteilung und -bewahrung heißt das, dass der Transfer bzw. die Bewahrung von Daten Rechenkapazität in Anspruch nehmen.

Schlussfolgernd entsteht daraus die Überlegung, wie diese Datentransfers auf ein Minimum verkleinert werden können, so dass lediglich relevante und aktuelle Informationen an den richtigen Empfänger verteilt werden.

Da sich die Gesamt-Messung einzelner Komponenten des Energieverbrauchs ineffektiver Datentransfers als äußerst komplex darstellt, soll im folgenden Konzept das Augenmerk auf die Vermeidung der ineffektiven Datentransfers in Sinne der Definition liegen. Der Unterschied eines „grünen" Wissensmanagementsystems zu herkömmlichen IS im Wissensmanagement soll auf Basis der Vermeidung der ineffektiven Datentransfers erkannt werden.

Aus den analysierten ineffektiven Datentransfers in der Wissensverteilung und -bewahrung und dem Fakt, dass Wissen ein temporärer und situativer - stets in einem Kontext stehender - Prozess ist, kann die Herausforderung abgeleitet werden, den persönlichen Kontext der Mitarbeiter mit seinen eigenen Zielsetzungen, Aufgaben und fachlichen Problemen mit dem Geschäftskontext zusammenzuführen. Durch diesen Ansatz der *benutzerzentrierten* Informationsbereitstellung soll das Problem der ineffektiven Datentransfers adressiert werden.

5 Konzeption eines „Green Knowledge Management Systems"

In der Vergangenheit wurde das Design von IT-Systemen hauptsächlich durch zwei wesentliche Faktoren bestimmt: technische Vorzüge und Kosten. Bedingt durch fortschreitende Verknappung von Rohstoffen sowie durch den vermehrten Einsatz von derzeit noch teurerem Strom aus regenerativen Quellen sind Energieeffizienzmaßnahmen für Unternehmen auch im Hinblick auf IT ein wichtiger Anhaltspunkt für Einsparungsmaßnahmen. In den vorangegangenen Kapiteln wurde bereits die Wechselwirkung von ökologischem Handeln auf die ökonomischen Kennzahlen erörtert.

Im Folgenden soll ein Vorschlag eines Wissensmanagementsystems zur Unterstützung von ökologischer Nachhaltigkeit erarbeitet werden. Der Fokus dieses Konzeptes liegt auf der Vermeidung der ineffektiven Datentransfers, welche im vorherigen Kapitel definiert und daraufhin der Wissensverteilung und Wissensbewahrung zugeordnet wurden.

Dabei ist anzumerken, dass diese Arbeit keinesfalls den erschöpfenden Anspruch leisten kann ein Wissensmanagementsystem in seiner Vollständigkeit abzubilden, sondern vielmehr Aufschluss darüber geben soll, inwieweit angeführte Ansätze und technische Möglichkeiten eine Adressierung von ineffektiven Datentransfers zulassen und dadurch eine Erhöhung der ökologischen Nachhaltigkeit erzielt werden kann. Es soll insbesondere untersucht werden, wie sich eine gezielte Nutzerzentrierung in einem Wissensmanagementsystem auf die ineffektive Datentransfers auswirkt. Das Konzept zielt nicht auf eine unrealistische, komplette Vermeidung von Emissionen im Wissensmanagement ab. Viel eher soll ein Ansatz zur Emissions-Verringerung und zum nachhaltigeren Bewusstsein durch Green IS geschaffen werden.

Zunächst wird das Wissensmanagementsystem in seiner spezifischen Ausrichtung definiert und die verschiedenen Einflüsse, welche aus dem vorherigen theoretischen Teilen hervorgehen, aufgeführt. Anschließend folgt die Einordnung in den Managementansatz und die Beantwortung der Frage wo sich das „Green Knowledge Management System" organisatorisch einordnen lässt. Zur Konzeption werden dann zunächst Anforderungen abgeleitet. Dazu soll das vorherige Kapitel mit der Analyse von ineffektiven Datentransfers in den ausgewählten Wissensbausteinen hinzugezogen werden.

Aus den Anforderungen gilt es im nächsten Schritt Lösungskonzepte zu erarbeiten. Dazu sollen die einzelnen Bestandteile in der ausgewählten Referenzarchitektur nach *Riempp* eingeordnet werden.

5.1 Definition eines „Green Knowledge Management System"

Im Rahmen der zuvor durchgeführten Literaturanalyse zum Thema „Wissensmanagement" sowie zu „Green Information System" wurde bislang der Begriff „Green Knowledge Management System" nicht definiert, so dass im Folgenden verschiedene Kriterien herangezogen werden, welche diese „neue Art" von Wissensmanagementsystem definieren sollen.

Die in den folgenden Abschnitten dargestellte Konzeption des „Green Knowledge Management Systems" wird auf folgenden *Grundlagen* entwickelt:

- Der integrierten Schichten-Architektur für Wissensmanagementsysteme nach *Riempp*, welche sich u.a. in der Aufgliederung in die Ebenen *Strategie, Prozesse* und *Systeme* ausdrückt. Der Fokus dabei liegt insbesondere auf dem integrierten Informationssystem auf System-Ebene mit den „Säulen": *Inhalte, Kompetenz, Zusammenarbeit und Orientierung.*

- Den funktionalen Anforderungen eines gängigen Wissensmanagementsystems.

- Dem aus den Grundlagen zu Wissen entwickelten *SECI-Modell* nach *Nonaka und Takeuchi*, welches den Wissensaustausch auf impliziter und expliziter Ebene herausstellt.

- Dem *holistischen Ansatz* nach *Bullinger et al.*, welcher das Wissensmanagement als ganzheitliches Konstrukt aus Technik, Mensch und Organisation betrachtet.

- Der Herleitung der Definition von *ineffektiven Datentransfers*, welche im Rahmen dieser Arbeit erfolgte.

- Den Wissensbausteinen *Wissensverteilung und Wissensbewahrung* nach *Probst et al.* welchen ineffektive Datentransfers zugeordnet wurden.

- Dem *Green-IS-Konzept*, welches neben dem gestaltungsorientierten Ansatz der IT auch das verhaltenswissenschaftliche Paradigma miteinschließt. Dazu dienen die beiden Unterscheidungen nach„*Sensemaking*" und „*Sustainable Practicing*"

Zusammenfassend lässt sich ein „Green Knowledge Management System" als ein Wissensmanagementsystem beschreiben, welches ineffektive Datentransfers in der Wissensverteilung Wissensbewahrung durch die Erweiterung spezieller Funktionalitäten adressiert. Damit werden die konventionellen Funktionen der Informationssysteme je nach Bereich (Inhalt, Zusammenarbeit, Kompetenz und Orientierung) um bestimmte Ansätze erweitert. Das System interveniert dabei sowohl auf der Ebene „Technik", als auch auf den Ebenen „Mensch" und „Organisation". Neben dem gestaltungsorientierten Ansatz der IT soll das System auch zu nachhaltigerem Bewusstsein bei den Mitarbeitern beitragen. Auf der Organisations-Ebene muss das System in einer ganzheitlichen Strategie inkludiert werden, welche sowohl die Wissensmanagement-Ziele als auch die Umwelt-Ziele berücksichtigt. Schlussfolgernd hat der Einsatz des Systems zum Ziel zum einen die Mitarbeiter im Rahmen des Wissensmanagements mit aktuellen, relevanten Informationen zu versorgen und dadurch zum anderen die Ökobilanz des Unternehmens durch die Vermeidung ineffektiver Datentransfers positiv zu beeinflussen. Im Zuge der folgenden Kapitel wird erforscht, inwiefern eine Erweiterung von WMS hin zu einem GREEN-WMS möglich ist, um so eine Brücke zwischen Green IS und Wissensmanagement zu schlagen und einen integrativen Ansatz umzusetzen.

5.2 Einordnung in den Managementansatz

Um zu verstehen, wie das „Green Knowledge Management System" zum Aufbau der organisatorischen Wissensbasis beitragen kann, sollen die Auswirkungen des Systems auf die verschiedene Managementebenen hergeleitet werden.

Die meisten modernen Managementansätze versuchen, organisatorische Maßnahmen zu nutzen, um auf die Organisationskultur einzuwirken und ein Klima zu schaffen, welches das Lernen in und von Organisationen fördert.[378] Abbildung 28 verdeutlicht dabei die relevanten Komponenten.

Das betriebswirtschaftliche Management hat den Fokus überwiegend auf der Verbindung, die durch Pfeil 1 repräsentiert wird, d. h. es wird versucht einen dauerhaften Fit[379] zwischen den Aufgaben bzw. der Arbeitsorganisation und der Organisationskultur zu schaffen.

---

[378] Vgl. Lehner, F. (2014), S. 3
[379] „Fit" wird hier als permanente Abstimmungsaufgabe verstanden.

Mit dem Versuch, eine Übereinstimmung zwischen Aufgaben und den eingesetzten Technologien herbeizuführen (Pfeil 2) beschäftigt sich vor allem das „traditionelle" Informationsmanagement.

Mit Hilfe von Wissensmanagementsystemen wird schließlich versucht, die Beziehung zwischen der eingesetzten Technologie und der Organisationskultur (Pfeil 3) zu verbessern, um auf diese Weise einen Beitrag zur organisatorischen Effizienz zu erzielen

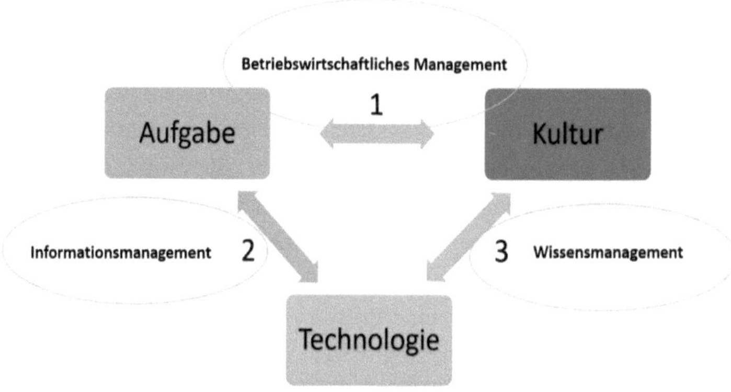

Abbildung 28: Organisatorische Effizienz durch Übereinstimmung von Aufgaben, Kultur und Technologie
(Quelle: Eigene Darstellung in Anlehnung an Lehner, F. (2014), S. 3)

Das Green Knowledge Management System muss demnach Beachtung von allen drei Management-Ausrichtungen erhalten.

5.3 Ableitung von Anforderungen an das „Green Knowledge Management System"

Basis jeder Konzeption sind die zu ermittelnden Anforderungen.[380] Zunächst werden deshalb die Anforderungen an das Konzept des Wissensmanagementsystems beleuchtet.

Zu beachten gilt, dass kein umfänglicher Anforderungskatalog innerhalb der gängigen Entwicklung von Informationssystemen erfolgen soll. Daher werden beispielsweise „nicht-funktionale" Anforderungen wie die Benutzerfreundlichkeit

---

[380] Vgl. Haak, L. (2002), S. 6

eines Systems im Rahmen dieser Arbeit nicht näher ausgeführt. Viel eher wird der Schwerpunkt auf die funktionalen Anforderungen auf grob granularer Basis gelegt. Das bedeutet, es wird eruiert, welche allgemeinen Anforderungen innerhalb der Entwicklung eines „Green Knowledge Management System" berücksichtigt werden müssen.

Anforderungen an Softwaresysteme können nach dem Standard IEEE 610.12- 1990 wie folgt definiert werden. Eine Anforderung ist nach *Pohl*[381]:

(1) Eine Bedingung oder Eigenschaft, die ein System oder eine Person benötigt, um ein Problem zu lösen oder ein Ziel zu erreichen.

(2) Eine Bedingung oder Eigenschaft, die ein System oder eine Systemkomponente aufweisen muss, um einen Vertrag zu erfüllen oder einem Standard, einer Spezifikation oder einem anderen formell auferlegten Dokument zu genügen.

(3) Eine dokumentierte Repräsentation einer Bedingung oder Eigenschaft wie in (1) oder (2) definiert

Bei der Gewinnung der Anforderungen kann auf unterschiedliche Einflussrichtungen zurückgegriffen werden. Eine Übersicht der unterschiedlichen Einflussrichtungen bietet *Schorcht.*[382] Die Betrachtungsrichtung, welche im Rahmen dieser Arbeit Anwendung finden soll, sind zum einen die Anforderungen an Wissensmanagementsysteme im Allgemeinen.[383]

Wie bereits angeführt, werden WMS generell als eine Summe aus eigenständig existierenden Anwendungen betrachtet, die auch isoliert genutzt werden können, wodurch erst die Integration dieser Anwendungen und Informationssysteme ein WMS bilden. Damit zudem das Wissensmanagementsystem im Sinne eines „Green Knowledge Management Systems" konzipiert werden kann, muss zudem die Adressierung der identifizieren ineffektiven Datentransfers erfolgen.

Ausgehend davon können folgende Anforderungen an ein System zur Vermeidung ineffektiver Datentransfers identifiziert werden:

---

[381] Vgl. Pohl, K. (2008), S. 13

[382] Schorcht, H.; Nissen, V.; Stelzer, D. (2014)

[383] Maier, R. (2007)

Anforderung 1: Rahmenstruktur auf der Plattform darstellen – „Sustainable Practicing"

Die gemeinsame Plattform zur Abbildung der verschiedenen Wissensarten und der Möglichkeit zur Kommunikation zeichnet ein Wissensmanagementsystem aus. Das Wissen soll durch die Plattform prozessübergreifend für jeden Mitarbeiter zugänglich gemacht werden. Zusätzlich soll die Möglichkeit einer Interaktion gegeben sein, damit ein Wissensaustausch stattfinden kann und das organisationale Wissen erweitert wird.

Die gemeinsame Plattform soll das Ziel verfolgen, das unternehmerische Wissen zentral zu bündeln, innerbetrieblich erworbenes Wissen aufzuarbeiten und für jeden Mitarbeiter zur Verfügung zu stellen. Der Schwerpunkt ist dabei auf der Erfassung, Aufbereitung und Nutzung sowohl von explizitem als auch möglichst weitgehend von implizitem Wissen (im Sinne von Referenzen auf Nutzer-Profile) zu sehen. Das Wissensportal und die im folgenden aufgeführten Funktionen sollen dabei im Sinne eines Green IS Nachhaltigkeit direkt fördern, indem der Ressourcenverbrauch durch die Vermeidung ineffektiver Datentransfers reduziert wird.

Die angeführten Anwendungen zeichnen zwar ein allgemeines WMS aus. Damit dieses als GKMS fungieren kann, sind weitere Anforderungen um Green Ansätze notwendig.

Anforderung 2: Benutzerzentrierte Bereitstellung von Daten und Informationen

Die Plattform soll den Benutzern grundsätzlich die Möglichkeit zum Wissenstransfer bieten. Darüber hinaus soll aus Benutzersicht eine bedarfsgerechte Bereitstellung der Daten bzw. Informationen erfolgen. Es besteht damit die Herausforderung, den persönlichen Kontext der Mitarbeiter mit seinen eigenen Zielsetzungen, Aufgaben und fachlichen Problemen mit dem Geschäftskontext zusammenzubringen. Damit die Informationen auch in strategisch wichtiges organisationales Wissen verwandelt werden, soll die Plattform einen Kontext bieten, in welchem der Wissensaustausch erleichtert wird.

Anforderung 3: Organisationaler Wissensaufbau fördern

Ineffektive Datentransfers wurden dahingehend definiert, dass der Transfer zwischen Sender und Empfänger nicht zum Aufbau der organisationalen Wissensbasis beiträgt. Der Beitrag zum Aufbau der organisationalen Wissensbasis ist das übergeordnete Ziel eines Wissensmanagementsystems. Damit auch ein persönlicher Austausch zwischen den Mitarbeitern stattfindet, was den Austausch impliziten Wissens miteinschließt, sollen durch eine geeignete Funktion persönliche Meetings gefördert werden.

Anforderung 4: Informationsdefizite decken

Damit die Suche nach bestimmten Informationen erleichtert wird und zeitnah die richtigen Ansprechpartner gefunden werden, gilt es eine Funktion vorzuschlagen, welche erhöhten Datentransfer bei der Suche durch den Abbau von Intransparenz vermeidet.

Anforderung 5: Tracking – „Sensemaking"

Durch die unternehmensweite Plattform und die genannten Funktionen soll eine direkte Nachhaltigkeit durch die Minimierung des Ressourcenverbrauchs gefördert werden (*Sustainable Practicing*). Zwar kann die Plattform die Möglichkeit bieten, die Informationen in einen geeigneten Kontext abzubilden und dadurch den Nutzern zu effektiverem Wissenstransfer verhelfen (z.B. durch das schnelle Finden eines Experten), da der ineffektive Datentransfer jedoch von den Menschen selbst ausgeht, soll zudem eine Funktion zum Fördern des individuellen Nachhaltigkeits-Bewusstsein bereitgestellt werden.

5.4 Aufbau des „Green Knowledge Management Systems"

Da die Funktionalität eines Systems in einem großen Maße von seiner Struktur abhängt, wurde in Kapitel 2.2.4 eine für das „Green Knowledge Management System" geeignete Referenzarchitektur ausgewählt. Da Green-IS-Maßnahmen bei ihrem Einsatz alle Ebenen einer Unternehmensarchitektur betreffen und somit Einfluss auf den Menschen, die Prozesse, die Anwendungssysteme und die Infrastruktur nehmen können[384], wurde die Architektur eines integrierten Wissensmanagementsystems nach *Riempp* ausgewählt. Diese soll als Basis für das Konzept gelten und im Folgenden, um die genannten Anforderungen sukzessive erweitert werden.

---

[384] Vgl. Mette, P. (2012), S. 108

Das Green IS Konzept in dem Wissensmanagementsystem soll auf ein Gleichgewicht zwischen den negativen Auswirkungen des Systems, die aufgrund des eigenen Energieverbrauchs (Green-IT-Aspekt) entstehen, und den positiven Auswirkungen des Systems bei der Senkung des Energieverbrauchs der unterstützten Aktivitäten zielen.

Das vorliegende Konzept diskutiert grundlegende Aspekte der *Strategie* für das „Green Knowledge Management System", legt den Schwerpunkt allerdings auf die Ebenen *Prozesse* und *Informationssysteme*. Damit sollen neben technischen Aspekten auch organisatorische Aspekte eines Wissensmanagementsystems inkludiert werden. Der Vorschlag soll auf Basis konzeptioneller Überlegungen in Anlehnung an die umfassende Literaturrecherche erfolgen.

5.4.1 Einordnung in die ausgewählte Referenzarchitektur

Die Anforderungen aus Kapitel 5.3 sollen nun im Kontext der Referenzarchitektur für WMS nach *Riempp* eingeordnet werden (siehe Abbildung 29: Einordnung der Anforderungen in die Referenzarchitektur nach RiemppAbbildung 29). *Riempp* definiert vier Säulen zur Unterstützung von Wissensmanagement aus Systemseite (Inhalte, Zusammenarbeit, Kompetenz, Orientierung).

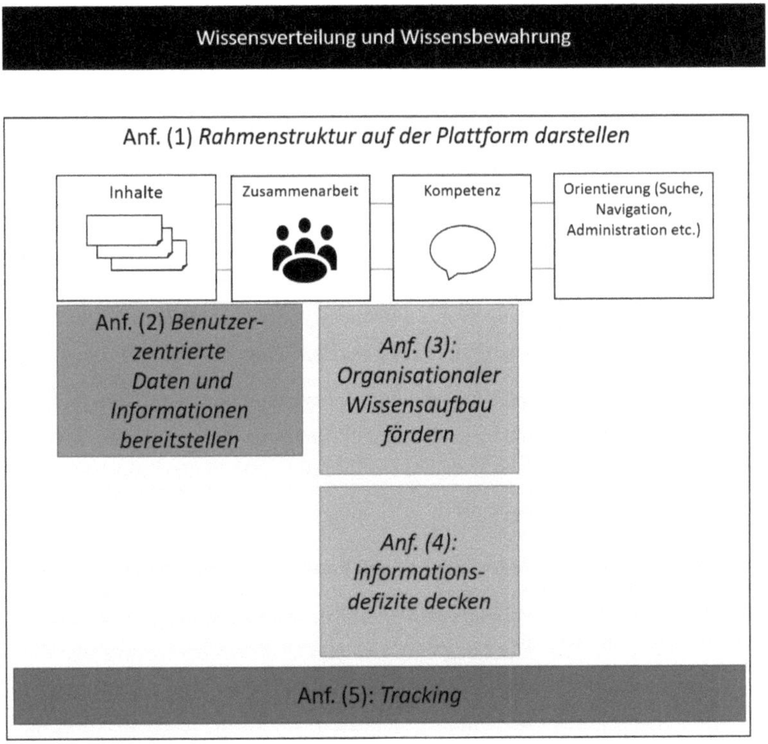

Abbildung 29: Einordnung der Anforderungen in die Referenzarchitektur nach Riempp (Quelle: Eigene Darstellung)

Anforderung 1 stellt die übergreifende Plattform dar, welche die Säulen Inhalte, Zusammenarbeit, Kompetenz und Orientierung umfasst. Dabei ist insbesondere die Funktion der Abbildung der Organisationsstruktur von Relevanz für das GKMS. Die Funktion wird in Kapitel 5.4.3 näher erläutert.

Anforderung 2 betrifft die Säule „Inhalte". Die Inhalte sollen dem Nutzer der Plattform durch eine geeignete Struktur benutzerzentriert bereitgestellt werden.

Anforderung 3 betrifft sowohl die Säule Zusammenarbeit als auch die Säule Kompetenz. Zum einen soll durch eine Funktion zur Förderung des organisationalen Wissensaufbau die Zusammenarbeit organisiert werden. Zum anderen sollen als Ergebnis Kompetenzen aufgebaut werden. Anforderung 4 soll durch eine geeignete Funktion zum Abbau von Intransparenz abgedeckt werden. Dabei sollen Experten und relevante Inhalte zeitnah gefunden werden.

Ein Wissensmanagementsystem soll in seinem Gesamtkonzept generell alle Funktionen der Wissensbausteine abdecken. Das GKMS spricht aber lediglich die WM-Bausteine Wissensverteilung und -bewahrung an. Dies ist damit zu begründen, dass es sich auf die Vermeidung ineffektiver Datentransfers fokussiert. Die Funktionen, welche das GKMS in seinem Konzept enthält, stellt demnach eine Erweiterung der gängigen Funktionen eines WMS dar.

Das bedeutet im Umkehrschluss, dass lediglich die GKMS Funktionen noch *kein* Wissensmanagementsystem ausmachen. Erst die Funktionen eines gängigen Wissensmanagementsystems in Kombination mit den angeführten Funktionen erfüllen demnach die Anforderungen eines ganzheitlichen GKMS.

Da die Einführung eines Wissensmanagementsystems stark von den Leitsätzen der Führungsebene bestimmt ist und darüber hinaus Nachhaltigkeitsanstrengungen organisationalen Einfluss nehmen, wird im Folgenden zuerst die *Strategie* für die Einführung des GKMN dargestellt.

5.4.2 Strategie zur Einführung des „Green Knowledge Management System"

Die Intention zur Einführung eines „Green Knowledge Management Systems" kann durch verschiedene Gründe ausgelöst werden. Grundsätzlich muss sich die Gestaltung, Umsetzung und Nutzung eines integrierten (Green)-WM-Systems an den Zielen des Unternehmens als Ganzes orientieren und zu deren Erreichung beitragen.[385] Diese strategischen Ziele sind i.A. in der Geschäftsstrategie formuliert. Die Geschäftsstrategie, die auf einer unternehmerischen Vision basiert, definiert ein oder mehrere Geschäftsfelder, die jeweils einen oder mehrere Märkte adressieren. Mehrere strategische Ziele, die auf die Erstellung bestimmter Marktleistungen aus den Geschäftsfeldern gerichtet sind, konkretisieren die Geschäftsstrategie. Es muss sich daher auch das „Green Knowledge Management System" in letzter Konsequenz an den strategischen Vorgaben einer Organisation orientieren und zu deren Erfüllung beitragen.

Allgemein muss darüber hinaus jede Aktivität im Unternehmen gemäß dem Postulat der wertorientierten Unternehmensführung darauf ausgerichtet sein, den Unternehmenswert zu steigern.[386] Demnach müssen auch alle „Green Knowledge Management Systems"-Investitionen vor ihrer Durchführung einer ökonomischen

---

[385] Vgl. Riempp, G. (2012), S. 129
[386] Vgl. Mette, P. (2012), S. 107

Analyse unterzogen, die im Unterschied zu gewöhnlichen Investitionen sowohl *direkte* als auch *indirekte* Auswirkungen auf den Unternehmenswert berücksichtigen muss.

Indirekte Auswirkungen können sich ergeben, wenn erzielte ökologische Vorteile den Unternehmenswert positiv beeinflussen, wie im Falle der Imagewirkung von „grünen" Aktivitäten eines Unternehmens auf den Absatz (siehe auch Kapitel 3.1.3).[387] So könnte das „Green Knowledge Management System" das Image des Unternehmens beeinflussen und somit das Kaufverhalten von Kunden verändern, was wiederum Einfluss auf den Unternehmenserfolg hat.

Direkte Auswirkungen können sich durch die Senkung des Rohstoffs- bzw. Energiebedarfs durch das „Green Knowledge Management System", sowohl auf Ertrags- als auch auf die Risikoposition des Unternehmens, ergeben. Die Risikoposition wird dabei auch durch schwankende Rohstoffpreise determiniert.[388] Die ökonomischen Ziele einer Green-IS-Investition im Allgemeinen wären primär durch die Wirkung eines geringeren Rohstoffbedarfs bedingt, welcher sich direkt und positiv auf den Unternehmenserfolg auswirkt. Daneben können auch gesetzliche Auflagen, die das Unternehmen durch die Nutzung von möglichen finanziellen Sanktionen dazu zwingen, seinen Schadstoffausstoß und somit seinen Rohstoffbedarf zu verringern (z.B. Emissionszertifikate), zur Investition in ein „Green Knowledge Management System" motivieren.

Neben den ökonomischen Zielen besteht bei Green-IS-Investitionen im Allgemeinen noch die Besonderheit der *ökologischen Auswirkungen* der Investition.[389] Aus ökologischer Sicht sind die durch das „Green Knowledge Management System" generierte Einsparungen der Ressourcen an sich sowie die Reduktion des durch die Nutzung der Ressource oder bei deren Förderung entstehenden Schadstoffausstoßes ausschlaggebend. Im unternehmerischen Zielsystem ist deshalb die Existenz einer weiteren ökologischen Zielgröße möglich.

Die Wissensmanagement-Strategie bildet eine Substrategie der Geschäftsstrategie und konkretisiert die strategischen Ziele in Form von WM-Zielen. Letztere beschreiben genauer, wie Wissensmanagement gestaltet und was damit bis wann in welchem Ausmaß erreicht werden soll. Ein WM-Ziel kann z.B. lauten:

---

[387] Vgl. Mette, P. (2012), S. 107
[388] Vgl. Mette, P. (2012), S. 107
[389] Vgl. Mette, P. (2012), S. 107

„Verbesserung von Kommunikation und Wissensaustausch".[390] Die in der Literatur erwähnten strategischen WM-Ziele beziehen sich mehrheitlich auf die elementaren WM-Tätigkeiten der Schaffung, Erfassung, Verteilung und Nutzung von Wissen sowie auf die Beseitigung von Barrieren oder die Stärkung fördernder Faktoren.391 Angelegte Kriterien sind zunächst meist qualitativer Art zum Beispiel " "Wir implementieren ein integriertes Wissensmanagement-System für unsere Mitarbeiter zu ihrer Unterstützung in allen WM-Prozessen."".[392]

Der erste Schritt zur Umsetzung solcher Ziele ist die Identifikation kritischer *Erfolgsfaktoren,* welche erfüllt sein müssen, damit das jeweilige Ziel überhaupt erreicht werden kann. Aus diesen kritischen Erfolgsfaktoren leiten WM-Verantwortliche dann *Messgrößen* ab, anhand derer sie den Grad der Zielerreichung zu einem bestimmten Zeitpunkt erheben können. Verschiedene Autoren schlagen *Mess-Systeme* für WMS vor.[393] Ziele, kritische Erfolgsfaktoren und Führungsgrößen bilden den Ausgangspunkt für die Entwicklung eines Maßnahmen-Kataloges, eines Projektplanes und einer Budgetkalkulation für die Umsetzung der WM-Strategie.

Die strategischen Ziele können im Rahmen des nachhaltigen Informationsmanagements von den Umweltzielen ergänzt werden bzw. kann die Umweltstrategie als Substrategie der Geschäftsstrategie fungieren. Zur Prüfung der Zielerfüllung eignet sich die Definition umweltorientierte Key Performance Indikatoren auf strategischer, aber auch taktischer und operationaler Ebene.[394] Eine Übersicht über mögliche ökologisch ausgerichtete KPIs liefert Kapitel so können beispielsweise der CO2-Fußabdruck oder der Gesamtenergieverbrauch genannt werden.

Die folgenden Abbildungen sollen beispielhafte Ziele für die Einführung eines Green Knowledge Managements aufzeigen.

---

[390] Riempp, G. (2012), S. 79

[391] Vgl. Probst, G.J.B.; Romhardt, K. (1996), S. 65

[392] Vgl. Riempp, G. (2012), S. 81

[393] Z.B. Maier, R.; Hädrich, T. (2001)

[394] Vgl. Seidel, S.; Recker, J.; Vom Brocke, J. (2013), S. 17

WM-Ziel	Kritischer Erfolgsfaktor	Messgröße	Führungsgrößen
Implementierung eines „Green Knowledge Management Systems"	Verfügbarkeit aller WM-Funktionalitäten	Implementierungsfortschritt gemäß Projektplan	Ziel: Verzögerung <10 Tage
	Zugriffsmöglichkeit für alle Mitarbeiter	Systemzulassung: Inhouse- und Mobilzugang	Ziele: Zulassung und Inhouse-Zugang 98%, Mobilzugang <40% bis 31.12.2019
	Nutzung durch Mitarbeiter	User-Sessions pro Tag	Ziel: > 50% der Mitarbeiter pro Tag eingeloggt
	Verfügbarkeit relevanter Inhalte auf der Wissensdatenbank	Umfang und Aktualität des Inhaltes	Ziel: Umfangsanstieg > 10% pro Monat; 20% der Inhalte < 2 Monate alt
	Bedienerfreundlichkeit	Beurteilung durch Anwender in halbjährlicher Befragung	Ziel: 80% der Anwender „gut" bis „sehr gut"
	Finden von relevanten Informationen	Beurteilung durch Anwender in halbjährlicher Befragung, erstmals sechs Monate nach Einführung	Ziel: 80% der Anwender „gut" bis „sehr gut"
	Finden der richtigen Ansprechpartner	Beurteilung durch Anwender in halbjährlicher Befragung, erstmals sechs Monate nach Einführung	Ziel: 80% der Anwender „gut" bis „sehr gut"
	Dauer der Informationssuche	Tracking von gezielten Suchanfragen in Abstimmung mit dem User	Ziel: Durchschnittswert < 1 Std.

Abbildung 30: WM-Ziel mit kritischen Erfolgsfaktoren, Messgrößen und Führungsgröße für das „Green Knowledge Management System"
(Quelle: Eigene Darstellung, Grundkonzept in Anlehnung an Riempp, G. (2012))

Umwelt-Ziel	Kritischer Erfolgsfaktor	Messgröße	Führungsgrößen
Implementierung eines „Green Knowledge Management Systems"	Abbau dezentraler Datenbanken	Informationsbestand je Standort/Abteilung	Ziel: Integration der Daten in zentrale Datenbank, Fortschritt 20% der Daten/Monat
	Datenvolumen in Rechenzentren	Energieverbrauch	Ziel: 20% Verringerung nach Einführung des GKMS
	Anzahl Versendung von Dokumenten >5MB per E-Mail	Tracking in Abstimmung mit User	Ziel: Unternehmensweit 20% Reduzierung durch Einführung des GKMS
	E-Mail Aufkommen bei User	Tracking in Abstimmung mit User	Ziel: Unternehmensweit 20% Reduzierung durch Einführung des GKMS
	Umweltmanagement erweitern	Anteil der aktiven Nutzer innerhalb des Forums „Umweltkonzepte in der Wissensverteilung und Wissensbewahrung"; Thema durch Intranet konzernweit publizieren	Ziel: Jeden Monat 30% aktive User

Abbildung 31: Umwelt-Ziel mit kritischen Erfolgsfaktoren, Messgrößen und Führungsgröße für das „Green Knowledge Management System"
(Quelle: eigene Darstellung)

Abbildung 32 lässt den Zusammenhang zwischen der Kette von WM-Zielen bzw.
Umwelt-Zielen über kritische Erfolgsfaktoren zu Führungsgrößen erkennen. Der
transparent dargestellte Balken über die WM- bzw. Umweltstrategie soll dieselbe
Einflussebene darstellen. Man erkennt, dass die beiden Substrategien alle betrach-
teten Säulen (Transaktionen, …) umfasst. Die Ziele, KEFs und die Führungsgrößen
hingegen können meist einer Säule zugeordnet werden.[395] Sie setzen dann für die
jeweilige Säule konkrete Vorgaben zur Umsetzung des übergeordneten Zieles der
WM- bzw. Umweltstrategie.

---

[395] Dabei können Ziele, KEF und Führungsgrößen der Umwelt-Strategie auch die linken Säulen
betreffen (vice versa für die WM-Strategie für die rechten Säulen)

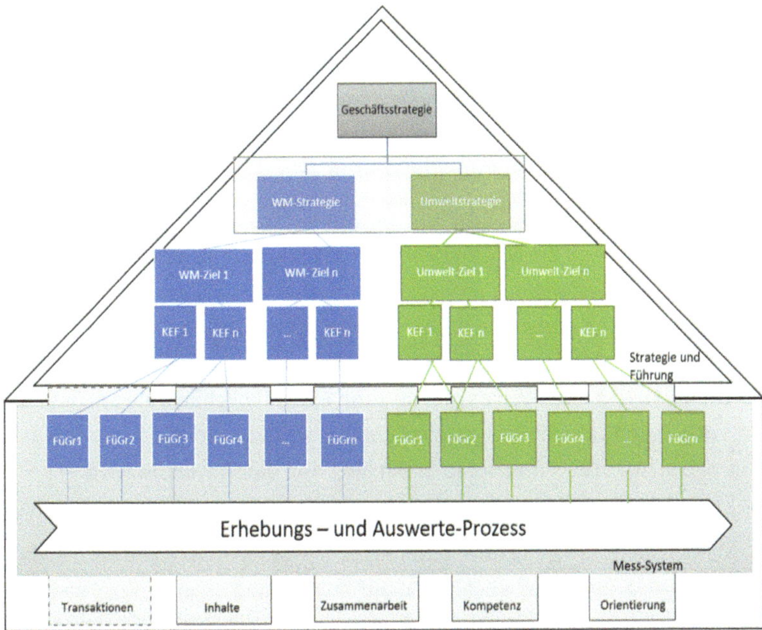

Abbildung 32: Detail-Architektur der Strategie-Ebene für die Einführung des „Green Knowledge Management Systems"
(Quelle: Eigene Darstellung, abgeleitet von Riempp, G. (2012), S. 131)

In seiner Analyse zur Nachhaltigkeit von Informationssystemen stellt *Vom Brocke* fest, dass eine Verbesserung der Energieeffizienz in einer Organisation nur dann möglich ist, wenn „Enabler" zur Anpassung der nachhaltigen Praktiken vorhanden sind. Diese „Enabler" ordnet er in vier Hauptgruppen ein:

> „These enablers are classified in four major categories: definition of a **clear strategy** for sustainability, **organizational support** from the top management, **motivation** for applying strategies, and **traceability** in order to be able to see the results of the adopted practices."

Dieser Ansatz verdeutlicht nochmals, dass nachhaltige Informationssysteme neben der IT-Ebene insbesondere die organisatorische Ebene in ihrer Handhabung betreffen.

Nachdem die GKMS-Strategie dargestellt wurde, gilt es im folgenden Schritt die abgeleiteten Anforderungen mittels Konzepts zu adressieren.

5.4.3 Plattform und Rahmenstruktur

Wie bereits angeführt, besteht das grundsätzliche Ziel eines Wissensmanagementsystems, das organisatorische Lernen zu unterstützen und dadurch den *Aufbau organisatorischen Wissens zu fördern*, indem die Defizite in der *Informationsverteilung, der Kollaboration* und der *Suche nach Informationen und Ansprechpartnern* beseitigt werden sollen.

Um diese Defizite zu beseitigen benötigt es bestimmte Funktionen z.B. zur Bereitstellung der Inhalte. Um den Anforderungen eines Wissensmanagementsystems zu genügen, muss eine *Integration* dieser Funktionen stattfinden (siehe Kapitel 2.3.2). Eine geeignete Plattform zur Integration kann ein unternehmensweites *Wissensportal* darstellen. Das Wissensportal kann eine Möglichkeit bieten, dass das Wissen auch über Fachbereichsgrenzen hinweg verteilt und aktiv genutzt und nicht aufgrund struktureller Barrieren brach liegt und damit wertlos wird.[396]

Im vorliegenden Kontext soll ein Wissensportal als die Gesamtheit aller Funktionen zur Wissensbereitstellung und -nutzung in den Geschäftsprozessen, u.a. durch Navigations- und Zugriffsmöglichkeiten auf interne und externe Wissensquellen sowie durch Office-, Groupware- und Kommunikationsfunktionalitäten, verstanden werden.[397] Das Wissensportal realisiert im Schichtenmodell nach *Riempp* die Präsentationsschicht[398] und umfasst die Säulen (Inhalte, Zusammenarbeit, Kompetenz, Orientierung), welche in den kommenden Abschnitten um spezifische Ansätze erweitert werden sollen.

Das Wissensportal stellt demnach im GKMS das Rahmengerüst zur Wissensverteilung-, -nutzung und -bewahrung dar, auf welchem der Nutzer die Funktionen direkt ausführt.

Damit dem oben genannten Ziel des Aufbaus des organisatorischen Wissens gerecht zu werden, soll die Herleitung eines geeigneten Wissensportals in folgende Schritte unterteilt werden:

---

[396] Guretzky, B. v. (2001)

[397] Vgl. Riempp, G. (2012), S. 104

[398] Vgl. Riempp, G. (2012), S. 170

(1) Die Darstellung der *Funktionsweise* und die begründete Auswahl für eine *geeignete Plattform* als Wissensportal

(2) Damit ein Nutzer der Plattform die für ihn relevanten Inhalte angezeigt bekommt, soll die Möglichkeit einer *Personalisierung* diskutiert werden.

Damit die Defizite in Informationsverteilung, der Kollaboration und der Suche nach Informationen und Ansprechpartnern beseitigt werden sollen (siehe oben) soll eine geeignete *Strukturform* erarbeitet werden.

Die Funktionsweise eines Wissensportals lässt sich als eine nutzerfreundliche Integration der Kernbereiche Wissenssuche, Wissensteilung und Wissensbewahrung unter einer einheitlichen Umgebung beschreiben.[399] Damit werden die zwei vorher identifizierten Bereiche von ineffektiven Datentransfers erfasst.

Durch die Integration der Anwendungen, Prozesse und Dienste soll der Zugriff auf verschiedene Wissensinhalte gewährleistet werden. Durch die Bereitstellung von Funktionalitäten zur Kommunikationsunterstützung soll eine verbesserte Teamarbeit ermöglicht werden.[400] Ein weiterer Vorteil besteht in dem geringeren Schulungsaufwand für die Benutzer, da diese über ihren Web-Browser bzw. ein Single-Sign-On („Einmalanmeldung") auf unterschiedliche Backend-Systeme zugreifen können ohne sich dabei detailliert mit den spezifischen Benutzungskonzepten der einzelnen Backend-Systeme auseinandersetzen zu müssen.[401]

Damit auf einem Wissensportal ineffektive Datentransfers nach der Definition von Kapitel 4.1 vermieden werden können, ist eine *benutzerzentrierte Bereitstellung* der Informationen notwendig. Dies ist damit zu begründen, dass Informationen nur in ihrem Kontext zu wertvollem Wissen transformiert werden können und dieser Kontext abhängig von den individuell bereits vorhandenen kognitiven Strukturen ist. Es scheint also relevant, eine Methode zu erforschen, durch die den Mitarbeitern lediglich die für ihre Arbeit relevanten Informationen durch das Wissensportal bereitgestellt werden.

---

[399] Systeme zur *Wissenssuche* sind beispielsweise Retrievalsysteme, Agenten, Data Mining-Systeme, Archivierungssysteme, zur *Wissensteilung* beispielsweise Groupware, Workflow, Communities und zur *Wissensbewahrung* beispielsweise Skill Management usw.

[400] Vgl. Teuteberg, F. (2019)

[401] Vgl. Teuteberg, F. (2019)

Um ineffektive Datentransfers auf dem Wissensportal zu vermeiden müssen durch eine *benutzerzentrierte Bereitstellung von Informationen* demnach folgende Überlegungen berücksichtigt werden:

- Dem Nutzer muss eine übersichtliche Darstellung für ihn relevanter Informationen geboten werden. Da für jeden Nutzer andere Informationen von Relevanz sind, ist die Möglichkeit von personalisierten Profilen notwendig.

- Damit jeder Mitarbeiter auf die für ihn relevanten Informationen auf dem unternehmensweiten Portal zugreifen kann, sollte sich jeder Mitarbeiter in sein persönliches Profil einloggen können. Damit der relevante Kontext erschlossen werden kann, sind Informationen des Nutzers notwendig. Diese können neben dem Namen auch Informationen zu der aktuellen Abteilung und Aufgaben sein.

- Damit eine regelmäßige Aktualisierung der Daten ermöglicht werden kann, sollte der Nutzer die Verwaltung der Daten eigenständig durchführen können.

- Damit Transparenz über Kompetenzen und Gemeinsamkeiten z.B. die Arbeit am selben Projekt erlangt werden kann, sollte das Mitarbeiterprofil von anderen Mitarbeitern eingesehen werden können. Dadurch können Gemeinsamkeiten festgestellt und Intransparenz abgebaut werden.

Für ein unternehmensweites Wissensportal mit obigen Anforderungen bietet sich beispielsweise der Ansatz eines Social-*Intranets* an. Das traditionelle Intranet ist eine Sammlung von „Seiten" und es hat meist eine Struktur, die identisch zu den Abteilungen der Firma ist.[402] Ein Social-Intranet ist ähnlich aufgebaut, aber der Fokus liegt auf dem Kontakt zu Kollegen.

Durch das Social-Intranet kann eine Möglichkeit zum besseren Kennenlernen der Mitarbeiter geboten werden.[403] Dadurch können schneller die richtigen Ansprechpartner gefunden werden und der gegenseitige Austausch wird gefördert. Spezielle Funktionalitäten wie Kommentarschaltflächen, Voting- und Like-Funktionen, Foren, Wikis und Blogs können einen Beitrag zum lebendigeren Informations- und Wissensaustausch leisten.[404] Wurden Informationen auf dem Social-Intranet geteilt ist, können diese zudem auch nach dem Ausscheiden eines Mitarbeiters

---

[402] Vgl. Springer Fachmedien Wiesbaden (2016)
[403] Wesseler, B. (2015)
[404] Wesseler, B. (2015)

erhalten bleiben. Die angeführte Forderung zur Personalisierung kann durch eine Anwender- gesteuerte Anpassung der Benutzeroberfläche des (Social-Intranet)-Portals gemäß den Gewohnheiten und Präferenzen des Nutzers erzeugt werden. Die Personalisierung soll dadurch dem Vorbeugen vor Überflutung der Anwender mit für sie irrelevanten Informationen dienen. Zudem kann dadurch die Aufmerksam des Anwenders auf bestimmte Funktionen, Angebote, Inhalte oder personalisierter Dienste gelenkt werden. Die Anreicherung der Benutzerdaten kann mit Hilfe von sog. Logfiles, Cookies oder Session-IDs durch die Verfolgung, Analyse und Auswertung des Nutzerverhaltens erfolgen.[405] Die generierten Informationen können daraufhin zur automatischen Bildung und Aktualisierung von Benutzerprofilen genutzt werden. Neben der automatischen Erstellung oder ergänzend dazu können sie auch ganz oder teilweise von den Nutzern selbst eingegeben werden.[406]

Abbildung 33 zeigt beispielhaft ein persönliches Mitarbeiter Profil im Social-Intranet. Man erkennt, dass individuell relevante Informationen zur Verfügung gestellt werden.

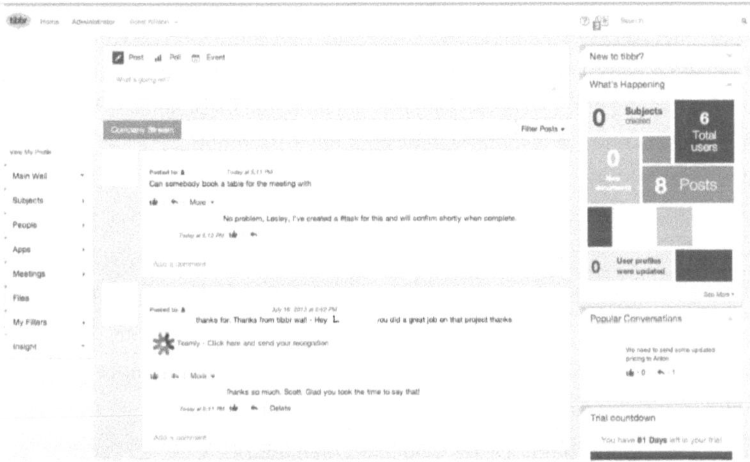

Abbildung 33:Beispiel eines persönlichen Profils in einem Social-Intranet
(Quelle: Schulze-Kopp, A. (2018))

---

[405] Vgl. Riempp, G. (2012), S. 200
[406] Vgl. Riempp, G. (2012), S. 200

Die Möglichkeit eines Social-Intranets und die Erstellung von persönlichen Profilen bieten eine adäquate Möglichkeit benutzerzentrierte Inhalte auf dem Profil zur Verfügung zu stellen. Ist der Nutzer allerdings selber auf der Suche nach Informationen oder anderen Nutzerprofilen bietet sich die Überlegung eines geeigneten Strukturrahmens an.

Wie in den vorherigen Kapiteln erläutert, können Informationssysteme lediglich Daten speichern. Sie bieten aber die Möglichkeit, diese Daten so in einen Kontext zu stellen, dass Menschen sie leichter aufnehmen können. Den Bedeutungsgehalt erzeugt und erkennt ein Mensch aber erst bei der Aufnahme der kontextuell geordneten Daten. Ob ein bestimmter Kontext tatsächlich zu einer besseren Aufnahme führt, hängt von den Fähigkeiten des Erzeugers des Kontextes und denen des Aufnehmenden ab. Der Erzeuger eines Dokumentes sollte demnach berücksichtigen in welchem Kontext er bestimmte Informationen auf dem Wissensportal speichert. Eine Herausforderung heutiger Wissensmanagement-Aktivitäten ist, dass auf organisatorischer und technischer Ebene unternehmensweit durchgängige Strukturen fehlen.[407] Dies kann ein effizientes Managen der Daten erschweren.

Damit die Strukturen eines Unternehmens den Mitarbeitern transparent dargestellt und die Informationen kontextspezifisch zugeordnet werden können, scheint die Überlegung einer strukturellen Ansicht sinnvoll. Zwischen der Wissensnutzung und Wissensrepräsentation besteht eine enge Beziehung. Ist das Wissen für den Anwender intuitiv verständlich und leicht zugänglich abgebildet, erhöht sich die Wahrscheinlichkeit, dass das im Unternehmen vorhandene Wissen auch genutzt wird.

Da Wissen und Arbeitsprozesse eng miteinander verzahnt sind, ist es zielführend, den Einsatz des Wissensportals an den Prozessen auszurichten. Aus den Überlegungen bietet sich als Anhaltspunkt die Ablage von Dokumenten innerhalb bestimmter Abteilungsstrukturen.

Einer Abteilung können u.a. die Informationen über:

- die Mitarbeiter,
- aktuelle Projekte,
- abgeschlossene Projekte,
- und die Prozessphasen zugeordnet werden.

---

[407] Vgl. Riempp, G. (2012), S. 15

Durch den gewählten Strukturrahmen kann Kenntnis darüber erlangt werden, welches Wissen für die jeweiligen Geschäftsprozesse relevant ist. Abbildung 35 soll die Schnittstelle des Wissensportals zur beispielhaften Abteilung des Lieferantenmanagements aufzeigen. Die Funktionen sind jeder Prozessphase zugeordnet, sodass Transparenz über die Mitarbeiter und Projekte erlangt werden kann. Durch eine Schnittstelle der Funktionen zum persönlichen Profil kann festgestellt werden, ob und mit wem man in demselben Projekt involviert ist.

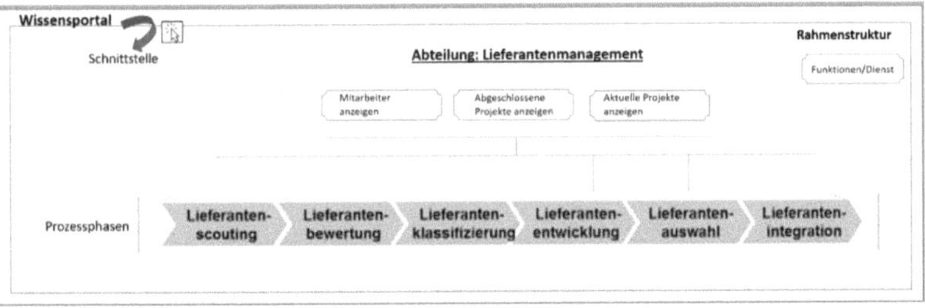

Abbildung 34: Strukturrahmen des Wissensportals
(Quelle: Eigene Darstellung)

Die Leistungen eines Wissensportals können sehr umfangreich sein. Wie erwähnt wird die Einteilung nach *Riempp* hinzugezogen, welche die Funktionen in vier Bereiche einteilt: Inhalte, Zusammenarbeit, Kompetenz und Orientierung.

Im Folgenden wird ein Vorschlag für die Säule *Inhalte* vorgestellt, welche sich an ineffektive Datentransfers richten soll.

5.4.4 Zentrale Wissensdatenbank

Das Management von Inhalten, häufig auch als Content-Management (CM) bezeichnet, zielt auf die *Bereitstellung* von Informationsobjekten zur Nutzung in Geschäfts-, Unterstützungs- und Kundenprozessen.[408] Informationsobjekte können dabei bspw. in Form von Dokumenten, Web-Seiten, Abbildungen, Videosequenzen, 3D-Modelle etc. vorliegen.

Moderne Technologien bieten viele Möglichkeiten (explizierbares) Wissen als elektronisches Gedächtnis zu speichern z.B. Datenbanken, Daten-Warenhäuser und Archivierungssysteme.

---

[408] Vgl. Riempp, G. (2012), S. 144

Damit im Rahmen der Wissensbewahrung Informationen benutzergerecht bereitstellen können, sind folgende Punkte zu berücksichtigen:

(1) Eine unternehmensweite Ablage von Informationsobjekten: Nach Einschätzungen des Marktforschungsinstituts *Gartner Inc.*, sind drei Viertel aller individuellen Information-Management-Lösungen in großen Unternehmen voneinander isoliert[409], was ein effizientes Managen dieser Daten nicht möglich macht.

(2) Einmalige Ablage aktueller Dokumente. Doppelungen und verschiedene Dokumenten-Versionen sollen vermieden werden, damit gewährleistet wird, dass jeder Mitarbeiter auf die gleiche Wissensbasis zugreift.

Informationsobjekte kontextspezifisch bereitzustellen. Damit die Defizite in der Informationssuche beseitigt werden können, müssen die Informationsobjekte in einem strukturierten Kontext zur Verfügung gestellt werden.

Für eine unternehmensweite Publizierung von Informationsobjekten kann der Einsatz einer zentralen Wissensdatenbank herangezogen werden. Jedes Informationsobjekt soll nur an diesem Ort gespeichert, aber von dort aus über seinen Lebenszyklus hinweg für alle Mitarbeiter einzeln und gezielt publizierbar sein. Diese Form der Datenspeicherung wird auch als „Single-Point-of-Storage" bezeichnet.410

Damit eine Informationsüberflutung und langes, ineffizientes Suchen nach Informationen vermieden wird, muss zudem eine geeignete Selektierung stattfinden. Das Selektionskriterium, nachdem entschieden wird, ob Wissen aufbewahrt werden sollte oder nicht, stellt die *Wiederverwendbarkeit* dar, also der zukünftige Nutzen des Wissens für das Unternehmen.[411] Damit die Wissensdatenbank keine veralteten oder anderweitig irrelevanter Informationen enthält ist ein permanenten Prozess der stetigen Aktualisierung nötig.

Um Überschneidungen und Doppelungen leichter ausfindig zu machen, kann die Einordnung der Informationsobjekte in der Rahmenstruktur erfolgen. Das bedeutet, die Datenbank soll über eine Schnittstelle mit der Plattform verbunden werden. Das Wissensmanagementsystem sollte daher über die Möglichkeit verschiedene Quellen zu integrieren verfügen, denn der Nutzen eines derartigen Systems wächst erheblich, wenn mehr Wissen akquiriert werden kann. Dies kann beispielsweise

---

[409] Gartner (2014)

[410] Vgl. Riempp, G. (2012), S. 41

[411] Vgl. Jarugski, M. (2003), S. 18

durch die Implementierung von sog. *Standardschnittstellen* gewährleistet werden.[412] Die zielorientierte und kontextbezogene Einordnung kann die Grundlage schaffen, dass Informationsbestände leichter auffindbar sind. Damit ein Nutzer die relevanten Informationen auch bei der direkten Suche in der Datenbank findet (und nicht über die Schnittstelle der Plattform) sind die Angaben der Metadaten zu berücksichtigen.[413] Diese „Daten über Daten" sind wichtig, damit die Zusammenhänge auch unabhängig von der Rahmenstruktur auf der Plattform ersichtlich werden z.B. wenn ein Nutzer bestimmte Daten benötigt, er sie aber selber nicht in einer Abteilungsstruktur einordnen kann. Auch beim Wiederabrufen sind diese Zusammenhänge, in denen das Wissen `gültig` ist, zu beachten, sonst wird es beim Abruf anders interpretiert und verliert damit möglicherweise seine Relevanz.[414] Diese Gefahr besteht insbesondere, wenn mehrere Nutzer auf dieselben Wissensquellen zugreifen. Sollten mehrere Nutzer die Berechtigung zugeteilt bekommen Informationsobjekte direkt auf der Datenbank hochladen können, eignet sich neben der Angabe eines ausschlaggebenden Dokumenten-Namens eine Versions-Nummer. Dadurch kann sichergestellt werden, dass lediglich das aktuellste Informationsobjekt auf der Datenbank abgelegt ist und alle Mitarbeiter mit der neuesten Version arbeiten. Außerdem ist es sinnvoll, den Autor des Dokumentes anzugeben, damit dieses direkt zugeordnet werden kann und der Ansprechpartner dafür identifiziert wird. Damit die Informationsobjekte auf der Wissensdatenbank gefunden werden, können z.B. sogenannte „Tags" eingeführt werden.[415] Mit diesen „Schlagworten" können einzelne Beiträge größeren Überthemen zugeordnet werden. Anstatt eine ausführliche Einleitung zu einem Dokument zu schreiben kann stattdessen auf einen Tag zurückgegriffen werden und so ein Kontext dargestellt werden. Durch die Verknüpfungen in der Rahmenstruktur wird es möglich, das Wissen platzsparend und konsistent im gesamten System mehrfach zu kontextualisieren. Die Ablage in dieser logischen Struktur kann so viel Zeit bei der Informationssuche ersparen. Damit die Informationsobjekte unternehmensweit nutzbar sind, kann zudem die Überlegung einer Standardisierung von Arbeitsergebnissen hinzugezogen werden.[416] Dazu bringen die Mitarbeiter ihre fertiggestellte Informationsobjekte aus ihrem lokalen Kontext in den unternehmensweiten Kontext. Die Informations-

---

[412] Haak, L. (2002)

[413] Vgl. Guretzky, B. v. (2001)

[414] Vgl. Guretzky, B. v. (2001)

[415] Vgl. Grözinger, K. (2016)

[416] Vgl. Riempp, G. (2012), S. 255

objekte müssen dann einer formalen Prüfung unterzogen und ggf. neutralisiert werden d.h. es werden beispielsweise kundenspezifische Namen entfernt. Dadurch können andere Mitarbeiter erfolgreich implementierte Vorgehensweisen nachlesen und selber anwenden und müssen den Prozess nicht aufs Neue aufsetzen.

Für die Weitergabe vertraulicher Informationen mit einzelnen Empfängern sowie für die externe Kommunikation kann die E-Mail weiterhin als geeignete Plattform verwendet werden. Informationen, die allerdings für Gruppen von Mitarbeitern relevant sind, eignet sich die Veröffentlichung auf der zentralen Wissensdatenbank bzw. in der Rahmenstruktur auf dem Social-Intranet. Der Vorteil ist dadurch, dass die Informationen immer ihren Kontext bewahren. Durch den Bezug zu einer Person oder einer Community ist immer klar, wie vertraulich eine Information ist und zu welchem Thema sie gehört. Außerdem wird dadurch der Ansprechpartner ersichtlich. Mitarbeiter, die z.B. später zu einem Projekt hinzukommen, können leicht nachvollziehen, warum und von welchen Personen welche Entscheidungen wie getroffen worden sind. Durch die Ablage auf einer zentralen Datenbank kann zudem Konsistenz in der Datenhaltung bewahrt werden. Wenn ein Mitarbeiter ein Unternehmen verlässt, werden z.B. die Mail-Dateien meist nach kurzer Zeit gelöscht.[417] Damit ist ein Großteil des darin enthaltenen Wissens dieses Mitarbeiters für das Unternehmen dauerhaft verloren. Durch eine zentrale Datenbank kann dem Problem entgegengewirkt werden.

Im Folgenden soll die Adressierung der *ineffektiven Datentransfers* durch eine zentrale Wissensdatenbank zusammengefasst werden:

- Daten- und Informationsflut: Durch die Schnittstelle der Wissensdatenbank auf der Rahmenstruktur werden die Informationen in einen Kontext gebracht. Dadurch können für den Benutzer relevante Informationen schneller ausfindig gemacht werden.

- Intransparenz: Durch die zentrale Wissensdatenbank soll das Wissen an einem einzigen Ort gespeichert werden. Für die Mitarbeiter wird die unternehmensweite Datenbasis dadurch transparenter, als eine dezentrale Speicherung über mehrere Abteilungen oder Standorte.

---

[417] Wesseler, B. (2015)

- Veraltete Datenbestände: Durch die zentrale Wissensbasis kann eine Unterstützung geboten werden, Daten einmalig und aktuell abzulegen. Durch eine Versionierung und eine direkte Zuordnung zu einer Abteilung und einem Verantwortlichen können Doppelungen und veraltete Datensätze leichter erkannt werden.

Unter einem ökologischen Gesichtspunkt sollen die durch die Adressierung der ineffektiven Datentransfers gegebenen Möglichkeiten im Laufe des Kapitels erörtert werden.

5.4.5 Etablierung von „Wissensmeetings"

Durch die gestiegene Bedeutung von Wissen in der Arbeitswelt sind individuelle Lösungen ein zunehmender Wettbewerbsfaktor geworden. Daher ist ein permanenter Lernprozess gefragt. Das vorgestellte Wissensportal kann eine geeignete Plattform zum Austausch darstellen. Die angeführte Wissensdatenbank an sich kann zwar die Informationssuche erleichtern, jedoch stellt eine reine Dokumentation oder Übermittlung von Informationen kein verwertbares Wissen dar. Untersuchungen zufolge besteht die Wissensbasis von Unternehmen zu 80% aus implizitem und 20 % explizitem Wissen.[418] Das explizite Wissen kann dabei auch über Kanäle wie das Wissensportal oder die Wissensdatenbank übertragen und gespeichert werden. Das implizite Wissen kann aber meist nur im direkten Kontakt zwischen den Mitarbeitern ausgetauscht werden. Damit die organisationale Wissensbasis angemessen aus Teilen explizitem und implizitem Wissen aufgebaut werden kann, sind demnach kollaborative Lernprozesse erforderlich. Wird Wissen nicht kollektiviert, kann es dazu kommen, dass beispielsweise Erkenntnisse aus dem Marketing nicht mit denen der Entwicklung abgeglichen werden. Der Kreislauf des organisationalen Wissens (siehe Kapitel 2.2.4.1) wird dadurch unterbrochen und die Wiederholung erfolgreicher Handlungen verhindert. Durch fehlende Kommunikation wird damit das organisationale Lernen verhindert.

Damit handlungswirksames Wissen also durch eine Metamorphose von verschiedenen Informationen aufgebaut werden kann, ist eine gemeinsamen Bearbeitung von Problemstellungen gefragt. Eine Möglichkeit dies durch das Wissensportal IT-technisch zu unterstützen stellt die Etablierung von „Wissensmeetings" dar. Dazu ist eine Schnittstelle zum Kalenderassistenten notwendig.

---

[418] Vgl. mira-consulting.net (2019)

Durch die Rahmenstruktur können die Mitarbeiter zu einer Prozessphase zugeordnet werden. So erlangen die Mitarbeiter Transparenz in welchen Projekten sie selber Teil sind. Es können so in regelmäßigen Intervallen die Termine pro Projektgruppe in den Prozessphasen gebucht werden.

Damit Wichtiges dokumentiert bleibt, können vorab Dokumente ausgefüllt werden, die z.B. Fragen zur Vorgehensweise der Problemlösung und andere Fragen enthalten:

- Welche Schritte wurden bisher durchgeführt?
- Welche Erkenntnisse wurden erlangt?
- Wie war die Vorgehensweise?
- Wo gibt es Herausforderungen?
- Wo sind vorhandene Unklarheiten?

In den regelmäßigen Meetings, welche bestenfalls persönlich stattfinden, können die Punkte dann besprochen werden und *„Lessons Learnt"* als eigenes Dokument erstellt werden. Dieses Dokument kann daraufhin auf der zentralen Wissensdatenbank bei der jeweiligen Prozessphase abgelegt werden und beispielsweise zur Einarbeitung von neuen Mitarbeitern herangezogen werden.

Die Wissensmeetings können die ineffektiven Datentransfers dahingehend adressieren, indem Wissenslücken geschlossen werden. In den regelmäßigen Meetings können Unklarheiten persönlich statt per E-Mail Transfer besprochen werden. Darüber hinaus wird durch den Austausch implizites (organisationales) Wissen angereichert und damit zum Aufbau von Kompetenzen beigetragen.

5.4.6 Problemlösung in Foren

Eine weitere Möglichkeit zum Aufbau der organisationalen Wissensbasis durch Vernetzung von Wissensträgern stellen Foren auf dem Wissensportal dar. Durch die Profile auf dem Wissensportal und der vorgeschlagenen Rahmenstruktur erhalten Nutzer einen allgemeinen Überblick welcher Mitarbeiter für was zuständig ist und über welche Fähigkeiten dieser verfügt. Durch die Rahmenstruktur lassen sich Spezialisten und richtige Ansprechpartner schnell einer Prozessphase zuordnen. Projektteams, die mit einem speziellen Problem konfrontiert sind, können so einen Experten direkt konsultieren. Darüber hinaus können Foren zur Hilfe bei speziellen Problemen dienen, welche nicht direkt im Kontext eingeordnet werden können.

Eine Möglichkeit Antworten auf Fragen zu finden, stellt die „fragende Suche" dar. Durch gezielte Fragen in dem Forum kann der Suchende direkt Hinweise von anderen Mitarbeitern erhalten. Für die Motivation zur Wissensbereitstellung könnten bestimmte Funktionen wie „Punkte" für jede beantwortete Frage oder eine „Like"-Funktion, in dem andere Mitarbeiter ausdrücken können, dass die Antwort geschätzt wird, eingeführt werden.

Durch das Forum kann die Frage mehrere Mitarbeiter auf einmal erreichen und muss beispielsweise nicht mehrmals über E-Mail kommuniziert werden.

5.4.7 Green IS – Aspekt

Nachdem Möglichkeiten zur Vermeidung von ineffektiven Datentransfers in einem Wissensmanagementsystem aufgeführt wurden, soll im folgenden Schritt erörtert werden, in wie fern dadurch Möglichkeiten zur Ressourceneffizienz geboten werden können. Wie eingangs erwähnt kann angenommen werden, dass durch die Vermeidung von ineffektiven Datentransfers grundlegend Energie gespart werden kann, da das allgemeine Datenaufkommen verringert wird. Wie sich aber die Ansätze zur ineffektiven Datentransfer Vermeidung selber auf die Ökobilanz auswirkt müsste in einer eigenen Untersuchung und Datenauswertung eruiert werden. Im Folgenden soll das anzunehmende geringere Volumen an Datentransfers ausgewertet werden.

Zur Wiederholung soll nochmals erläutert werden, dass ineffektive Datentransfers in der Wissensverteilung und Wissensbewahrung auftreten, wobei der Ressourcenverbrauch in „Transfer" d.h. Verbrauch durch Sendung und in „Speicherung" aufgeteilt werden kann. Die Komponente „Transfer" hat eine unmittelbare Wirkung auf die Komponente „Speicherung", da bei einem Transfer gewöhnlich auch die Daten in einem Rechenzentrum gespeichert werden. Andersrum ist diese Abhängigkeit nicht zwingend vorhanden. Verlieren beispielsweise Daten an Aktualität auf dem Speicher so hat dies nur unmittelbare Auswirkung auf diese Komponente, es sei denn die Daten werden heruntergeladen. Zur übersichtlichen Darstellung sollen die Komponenten nach dieser Form kategorisiert werden.

Da sich die Aufschlüsselung des Energieverbrauchs auf einzelne IT-Komponenten eines Rechenzentrums als äußerst komplex darstellt (siehe Kapitel 4.2) soll im Folgenden lediglich der Verbrauch der Speicher als Bezugsgröße herangezogen werden.

Zunächst sollen die Einsparungen durch die Vermeidung von ineffektiven Datentransfers in der Kategorie „*Transfer*" hergeleitet werden.

Bei einem Datentransfer per E-Mail wird beispielsweise an drei Stellen Strom verbraucht[419]:

(1) Client: Der PC, der Laptop, das Telefon oder ein anderes Gerät, das direkt auf E-Mails zugreift stellt den Client dar. Beim Abrufen und Anzeigen von E-Mails wird darüber Strom verbraucht.

(2) Netzwerk: WLAN-Router, Netzwerk-Switches und alle dazwischenliegenden Netzwerkausrüstung zwischen dem Client und dem E-Mail-Server verwenden Elektrizität.

(3) Server: Der Computer oder die Gruppe von Computern, welche E-Mails empfangen, senden oder Speichern von E-Mails wird als E-Mail-Server bezeichnet. Der Server oder die Gruppe von Servern sind laufend eingeschaltet und verbrauchen Strom.

Bei der Kommunikation über das Wissensportal z.B. über ein Forum sind die ersten beiden Punkte gleich, aber der dritte Punkt, der des Servers, ändert sich. Statt einer Client-Server Architektur, kommt hier eine Web-Server Architektur zum Einsatz.[420]

Abbildung 36 soll das verdeutlichen.

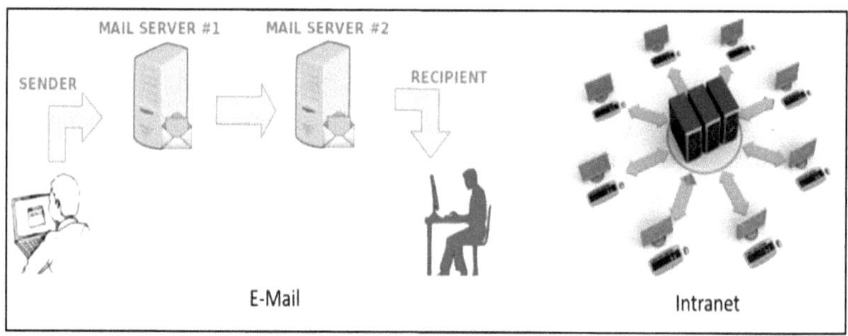

Abbildung 35: E-Mail Server und Intranet Server
(Quelle: Eigene Darstellung zusammengestellt aus tecmint.com (2015)) und intranet.ty-pepad.com (2011)

---

419 Google (2011)
420 computerwoche.de (1996)

Wie aus der Abbildung zu entnehmen ist, wird der Datentransfer über die E-Mail von zwei Personen über zwei Schnittstellen gesteuert. Beim Intranet wird die Kommunikation von einem Server aus organisiert. Werden beispielsweise Informationen über ein (offenes) Forum im Intranet geteilt, können darauf alle anderen Mitarbeiter zugreifen, ohne dass zusätzlichen Datentransfer im Sinne einer expliziten Sendung getätigt werden muss. Redundante Sendungen werden damit vermieden.

Auch bei der Wissensbank zur Wissensbewahrung kann die zentrale Ablage Datenvolumen sparen. Durch einen einzigen Speicherort kann vermieden werden, dass Dokumenten an verschiedene Personen versendet werden müssen. Beim Versenden einer E-Mail wird der Transfer bzw. die angehängten Dokumente an unterschiedlichen Orten gespeichert. Ein E-Mail-Server sendet die ausgehendem Nachrichten an das externe Netzwerk und speichert eingehende Nachrichten (auf der Empfänger-Seite), bis ein Benutzer sie herunterlädt oder löscht.[421] Wird dagegen das Dokument zentral auf der Wissensdatenbank gespeichert, befindet sich das Dokument lediglich an einem einzigen Speicherort und kann von dort aus von mehreren Personen eingelesen werden.

Nach Berechnungen des *Borderstep-Instituts* ist die Datenspeicherung aktuell für mehr als 10 % des Energieverbrauchs der Rechenzentren verantwortlich, bei steigender Tendenz.[422] Eine effizientere Datenspeicherung hat damit ein großes Potential zur positiven Auswirkung auf den ökologischen Fußabdruck.

Sollte eine Wissensdatenbank neu eingeführt werden, gilt es die alten Laufwerke in die neue Struktur zu integrieren. Dadurch ist eventuell das Löschen vieler alter Inhalte möglich und das Datenvolumen reduziert sich. Wurden die Inhalte von mehreren Standorten eines Unternehmens dezentral auf einer lokalen Datenbank gespeichert, so können die dezentralen Inhalte auf der Wissensdatenbank durch beispielsweise eine Cloud-Architektur zentral konsolidiert werden. Dadurch verringert sich die Anzahl an benötigten Speichern und damit auch der Energieverbrauch. Aus ökologischer Sicht wird die Nutzung von Cloud-Angeboten gewöhnlich als Energie- und Materialsparmaßnahme angesehen.

Abbildung 37 zeigt beispielhaft die dezentrale Datenspeicherung eines Unternehmens an mehreren Standorten. Die Abbildung soll illustrieren, dass die Speicherkapazitäten der Server nicht ausgelastet sind. Dies scheint ineffizient, da die

---

421 Vgl. Google (2011)
422 Hintemann, R. (2016)

Speicherung an sich nur eine Komponente des Energieverbrauchs ausmachen. Zusätzliche Energie muss z.B. zur Kühlung aufgewendet werden (siehe Kapitel 4.2)

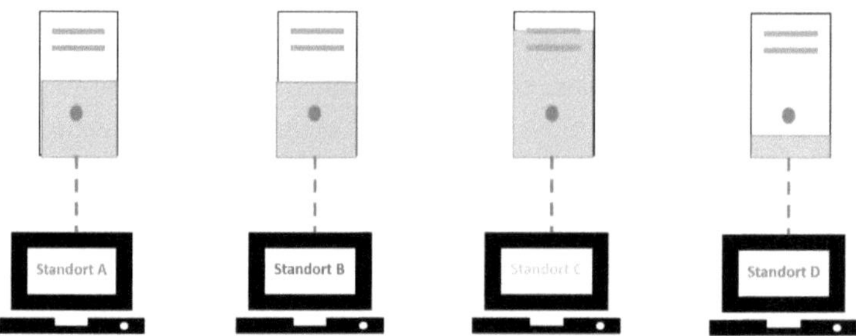

Abbildung 36: Dezentrale Speicher-Server eines Unternehmens
(Quelle: eigene Darstellung)

Im Gegensatz dazu soll Abbildung 38 die unternehmensweite zentrale Wissensdatenbank in der Cloud repräsentieren. Hier kann man erkennen, dass durch die Konsolidierung der dezentralen Datenbestände erhebliche Speicher-Kapazitäten eingespart werden können. Daraus resultieren geringere Energieverbräuche auch im Hinblick auf die Infrastrukturkomponenten (wie Kühlung, ...)

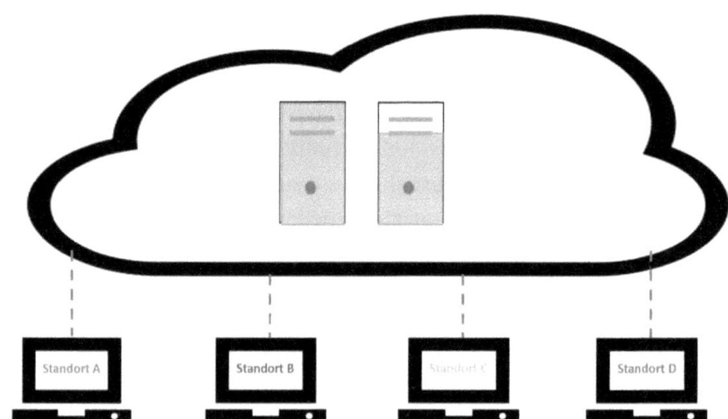

Abbildung 37: Zentrale Wissensdatenbank in der Cloud
(Quelle: Eigene Darstellung)

Zusammenfassend lässt sich sagen, dass durch die Adressierung der ineffektiven Datentransfers in der Wissensverteilung, -nutzung und -bewahrung mittels den vorherigen Funktions-Vorschlägen folgender Green-Ansatz affektiert werden:

- Der Wissenstransfer kann auf dem zentralen Wissensportal mehrere Adressaten bei einmaliger Informationsabgabe erreichen z.B. per Kommunikation in einem Forum. Die mehrmalige Sendung bzw. Speicherung von Informationsobjekten kann demnach entgegengewirkt werden.

- Die Wissensspeicherung auf einer zentralen Wissensdatenbank kann durch die Konsolidierung vorher getrennter Inhalte das Datenvolumen reduzieren. Damit sind weniger Speicherserver im Einsatz, weshalb Energie eingespart werden kann.

- Das Wissensportal mit den Funktionen und die zentrale Wissensdatenbank können durch eine Vermeidung ineffektiver Datentransfers zu einer direkten Auswirkung auf die Ökobilanz beitragen und entsprechen demnach dem Green IS Ansatz des „Sustainability Practicing"

5.4.8 Tracking

Nachdem der Green IS Ansatz von *„Sustainability Practicing"*, also der direkten Auswirkung auf die Nachhaltigkeit im vorherigen Abschnitt erarbeitet wurde, soll der Blickwinkel im Folgenden auf das verhaltensorientierte Paradigma und damit auf den Menschen gerichtet werden. Das vorherige Konzept soll zwar eine Rahmenstruktur zur nachhaltigeren Wissensplattform darstellen, jedoch ist für die erfolgreiche Umsetzung der Maßnahmen der Mensch verantwortlich und sollte in einem ganzheitlichen Green IS Ansatz daher nicht vernachlässigt werden. So stellt zwar die Wissensplattform eine Möglichkeit dar, Personen und Inhalte kontextspezifisch auszumachen. Wenn der Mitarbeiter aber z.B. die E-Mail trotzdem zur Weiterleitung riesiger Datenmengen an mehrere Mitarbeiter verwendet bleiben die Möglichkeiten zur Energieeffizienz ungenutzt. Dem Mitarbeiter soll deshalb durch die Möglichkeiten von IS ein nachhaltigeres Bewusstsein nähergebracht werden, was unter dem Green IS Ansatz *„Sensemaking"* zum Ausdruck kommt (siehe Kapitel 3.2.2.2).

Im Kontext von Green IS setzen Unternehmen betriebliche Umweltinformationssysteme für die „systematische Beschaffung, Verarbeitung und Bereitstellung von ökologisch relevanten Informationen" innerhalb von Unternehmen als auch in überbetrieblichen Unternehmensstrukturen ein.[423] Diese finden z.B. Einsatz beim Tracking des Emissionsverbrauchs in der Logistik (siehe dazu auch Green IS zur indirekten Auswirkung Kapitel 3.2.2.1). Typischerweise visualisieren eingebettete Systeme diese Daten.[424] Die Visualisierung kann daraufhin zu Analysezwecken verwendet werden.[425]

Im Kontext eines Wissensmanagementsystems wird ein Green IS im Gegensatz dazu zur Untersuchung im eigenen Sektor IS (direkte Auswirkung) eingesetzt. Um die Effizienz der Energienutzung in den Prozessen bewerten zu können, bietet sich generell eine Überwachung des Energiebedarfs der IKT-Infrastruktur (Energiemonitoring) an.[426] Green IS müssen Stakeholdern eines Unternehmens „Basisdaten zu den ökologischen Auswirkungen"[427] liefern. Umweltwirkungen müssen dabei im Kontext des tatsächlich verursachenden Geschäftsprozesses verstanden werden.[428]

Da sich im Kontext der Prozessphasen Wissensverteilung und Wissensbewahrung sowie den zugeordneten unterstützenden IT-Komponenten eines Wissensmanagementsystems eine exakte Aufschlüsselung des Energieverbrauchs je Komponente und Phase als hoch komplex herausstellt (siehe Kapitel 4.2) ist eine alternative Bezugsgröße notwendig.

Da (ineffektive) Datentransfers eine Auswirkung auf den Energieverbrauch in den Wissensbausteinen Wissensverteilung, -nutzung und -bewahrung nehmen, soll diese Referenz hinzugezogen werden. Um ein Bewusstsein für den eigenen Datentransfer zu schaffen, kann die Visualisierung beispielsweise statt des Energieverbrauchs einer Email, die Anzahl an verschickten E-Mails erfolgen. Das Green IS soll damit wie bei dem Vorschlag von *„Sustainability Practicing"* benutzerzentriert ausgerichtet werden. Innerhalb der Wissensbewahrung könnte die Anzahl an hochgeladenen Informationsobjekten auf dem Wissensportal erfolgen. Durch die Anreicherung von anderen Daten wie dem Zeitpunkt, wann man die Informationen bereitgestellt hat und unter welcher Prozessphase, könnten die Nutzer mehr Transparenz in ihre Datentransfers erlangen. Veraltete oder anderweitig irrelevante

---

[423] Hilpert, H.; Kranz, J.; Schumann, M. (2013)
[424] Seidel, S.; Recker, J.; Vom Brocke, J. (2013)
[425] Seidel, S.; Recker, J.; Vom Brocke, J. (2013)
[426] Watson; Boudreau; Chen (2010)
[427] Watson; Boudreau; Chen (2010)
[428] Watson; Boudreau; Chen (2010)

Datensätze könnten so besser identifiziert und eventuell gelöscht werden. Die Funktion könnte damit zur Verringerung des Datenvolumens auf der Wissensdatenbank führen.

Zur Prüfung des Erfolgs der Einführung des Wissensportals könnten darüber hinaus Trends visualisiert werden. Beispielsweise, ob sich der Datentransfer auf dem E-Mail Server durch die Einführung des Wissensportal verringert hat. Die Visualisierungsfunktion soll zur Sensibilisierung des eigenen Datentransfers beitragen. Damit sollen die Mitarbeiter zur Überlegung angeregt werden, ob z.B. eine E-Mail tatsächlich relevante Informationen enthält und diese auch nur für eine Person bestimmt sind. Ein Beispiel zur Visualisierung eines Trends zeigt Abbildung 39.

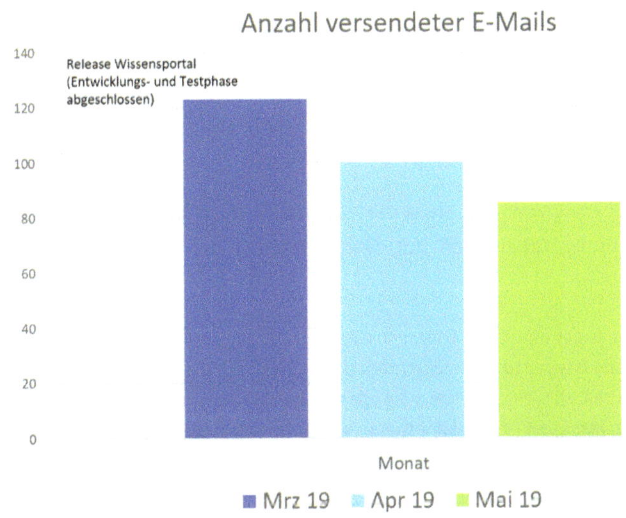

Abbildung 38: Beispielhafter Trend der versendeten E-Mails eines Mitarbeiters (Quelle: Eigene Darstellung)

Das Tracking bzw. die Nachverfolgung des Datentransfers soll durch die Visualisierung zu einem nachhaltigeren Verhalten anregen. Zur Forcierung des Effekts könnten darüber hinaus Zielgrößen bezüglich des Datentransfers angegeben werden. Die Entscheidung sollte auf Managementebene erfolgen und darüber hinaus einer Kosten-Nutzen-Analyse unterzogen werden. Die Entscheidung muss sehr differenziert auf die Mitarbeiter übertragen werden, da auf verschiedenen Ebenen unterschiedlich viel Wissen bzw. Informationen per Kommunikationsmittel verteilt werden. Daher ist mit einem hohen Aufwand für die Entscheidung zu rechnen. Durch die Daten- und Informationsflut der ineffektiven Datentransfers, sind die Auswirkungen aber nicht nur auf der ökologischen Ebene vertreten, sondern auch auf psychosozialer (und ökonomischer Ebene). Da viele Mitarbeiter selbst durch die Flut an Informationen überfordert sind, könnte hier durch das Management ein geeigneter Motivator zur Reduzierung des eigenen Datentransfers kommuniziert werden.

In einem von *Seidel et al.* untersuchten Unternehmen wurde das „Druckerverhalten" der Mitarbeiter durch ein Informationssystem visualisiert.[429] Die Auswirkung der durch das Informationssystem erlangten Transparenz wurde von einem Mitarbeiter („Head of Sustainability Operations") wie folgt kommentiert:

> [...] We create transparency now that everybody has access [...] to see how is the printing behavior [...] in Switzerland compared to Germany, to Japan, to the colleagues in the US; **total number of pages average per employee**, black and white versus color, double-sided versus one-sided, duplex versus simplex; **and the trend**. And it is amazing, it's encouraging, to see that **sustainability starts with transparency** and that these campaigns are fruitful campaigns.

Derselbe Befragte sagte weiter, dass die durch das Informationssystem gebotene Bewusstseinsbildung tatsächlich zur Handlung und zu veränderten Praktiken führte[430]:

> „Sometimes paper now is the trigger to think and revisit processes [...]. The printing topic **was the trigger to reduce printouts**; but then the respective departments, like the HR shared service center, who are sending out pay slips month per month to employ ees, [said they] could offer that in a solution where the employee decides "would I like to have a printout or is online fine?" So this triggers a lot—and it's great to see."

5.5 Ergebnis des „Green Knowledge Management Systems"

Im Folgenden sollen die Ergebnisse des Green Knowledge Management Systems nochmals aufgeführt und eingeordnet werden. Außerdem sollen die aufgeführten Funktionen in die Rahmenstruktur des Wissensportals eingeordnet werden.

Ein ineffektiver Datentransfer liegt vor, wenn ein irrelevantes oder veraltetes Informationsobjekt (Nachricht, Dokument...) von einem Sender an einen Empfänger

---

[429] Seidel, S.; Recker, J.; Vom Brocke, J. (2013)
[430] Seidel, S.; Recker, J.; Vom Brocke, J. (2013)

mittels Informations- und Kommunikationsmittel übertragen wird. „Irrelevant" bedeutet, dass die Information nicht zum Aufbau der organisationalen Wissensbasis beiträgt (z.B. Floskeln in einer E-Mail) oder die Information beim Empfänger nicht mit vorhandenen Informationen verknüpft werden kann (z.B. bei Sendung an den falschen Empfänger). Unter einem ökologischen Gesichtspunkt tragen diese Datentransfers zum Energieverbrauch bei. Zum einen verbrauchen die Rechenzentren beim Transfer Strom. Zum anderen führen die Datentransfers zu einem erhöhten Datenvolumen, weshalb mehr Speicherkapazitäten benötigt werden. Die ineffektiven Datentransfers lassen sich daher den Wissensbausteinen Wissensverteilung (Transfer) und der Wissensbewahrung (Speicherung) zuordnen. Im vorherigen Kapitel wurden die Auswirkungen der ineffektiven Datentransfers identifiziert und den Kategorien: Daten- und Informationsflut, Intransparenz und defizitäre Datenbestände eingeordnet. In dem Konzept wurden zunächst ableitende Anforderungen formuliert, die zur Vermeidung der identifizierten Kategorien beitragen sollen. Die Anforderungen wurden daraufhin in die Rahmenarchitektur nach *Riempp* eingeordnet. Dabei lag der Fokus auf der Unterstützung des Wissensmanagements durch Informationssysteme, welche in vier Säulen eingeteilt werden: Inhalte, Zusammenarbeit, Kompetenz und Orientierung. Diese Säulen galt es um die Anforderungen in einem Vorschlag zu erweitern, damit ineffektive Datentransfers vermieden werden können. Da Wissen ein temporärer und situativer - stets in einem Kontext stehender - Prozess ist, liegt das Hauptaugenmerk des Konzepts eine Rahmenstruktur zu schaffen, welche den persönlichen Kontext der Mitarbeiter mit den eigenen Zielsetzungen, Aufgaben und fachlichen Problemen mit dem Geschäftskontext zusammenzuführen. Dies bedeutet, dass das Wissensmanagementsystem zur Vermeidung ineffektiver Datentransfer durch die technischen Funktionen einen benutzerzentrierten Kontext der Informationen offerieren soll.

In einem ersten Schritt galt es daher eine geeignete Rahmenstruktur zur Wissensverteilung,-nutzung und -bewahrung zu erarbeiten (Anf. 1). Dazu wurde der Vorschlag eines Wissensportals innerhalb eines Social-Intranets angeführt. Dieses bietet die Möglichkeit personalisierter Profile, weshalb eine individuelle Informationsbereitstellung des Systems erfolgen kann. Oftmals kennen die Mitarbeiter einer Organisation nur ihre direkten Kollegen und haben keinen Überblick über andere Teams und Abteilungen. Dadurch ist oftmals nicht klar, an wen man sich zu welchem Thema wenden kann. Damit unternehmensweite Transparenz in die Organisationsstruktur erlangt wird, wurde der Vorschlag einer Schnittstelle zu den einzelnen Abteilungen und ihrer Prozessphasen diskutiert. Dadurch soll eine konkrete

Zuordnung von Mitarbeitern sowie aktuellen und abgeschlossenen Projekten zu einer Prozessphase möglich sein. Sollte beispielsweise ein Mitarbeiter eine Fragestellung an die Marketing-Abteilung haben, kann dieser durch die Struktur die richtigen Ansprechpartner ausfindig machen.

Um veraltete Daten und Doppelungen in der Datenablage zu verhindern, gilt der Vorschlag einer zentralen Wissensdatenbank. Damit das Wiederauffinden von nützlichen Informationen gewährleistet wird, soll diese über eine Schnittstelle mit der Rahmenstruktur gekoppelt werden. Damit können Informationsobjekte direkt einer Prozessphase und gegeben falls zuständigen Mitarbeitern zugeteilt werden. Die zentrale Ablage hat den Vorteil, dass Informationsobjekte nicht einzeln an Mitarbeiter versendet werden müssen und auf eine konsistente Datenbasis zugegriffen werden kann.

Ein weiterer Vorschlag für das Green Knowledge Management, ist eine Funktion zur Förderung des Aufbaus des organisationalen Wissens, indem implizites Wissen durch direkte Kommunikation ausgetauscht wird. Dem System kommt die Aufgabe zu, diese „Wissensmeetings" durch eine geeignete Schnittstelle zum Terminplanungsassistenten zu koordinieren. Dadurch können Unklarheiten direkt gelöst werden (und nicht per Datentransfer). Die „Lessons Learnt" aus den Meetings sollen daraufhin dokumentiert und auf der zentralen Datenbank publiziert werden. Die Externalisierung des (explizierbaren) Wissens sollen anderen Abteilungen Hilfestellungen für ähnliche Probleme liefern. Damit bei abteilungsübergreifenden Problemen zeitnah Problemlösungsvorschläge erlangt werden, ist zudem die Funktion zur Problemlösung in Foren aufgegriffen. Dabei kann eine Frage an die Mitarbeiter einer Prozessphase gestellt werden. Damit eine Motivation zur Wissensteilung erfolgt, können bestimmte Funktionen wie „Likes" für Antworten durchdacht werden.

Die beschriebene Rahmenstruktur auf dem Wissensportal und die erweiterten Funktionen orientieren sich an dem Gesamtziel eines Wissensmanagementsystems, welches zur Förderung des *Aufbaus organisatorischen Wissens beitragen soll*, indem die Defizite in der *Informationsverteilung, der Kollaboration* und der *Suche nach Informationen und Ansprechpartnern* beseitigt werden. Das Wissensportal und die Rahmenstruktur sowie die aufgezeigten Funktionen sind Abbildung 40 zu entnehmen.

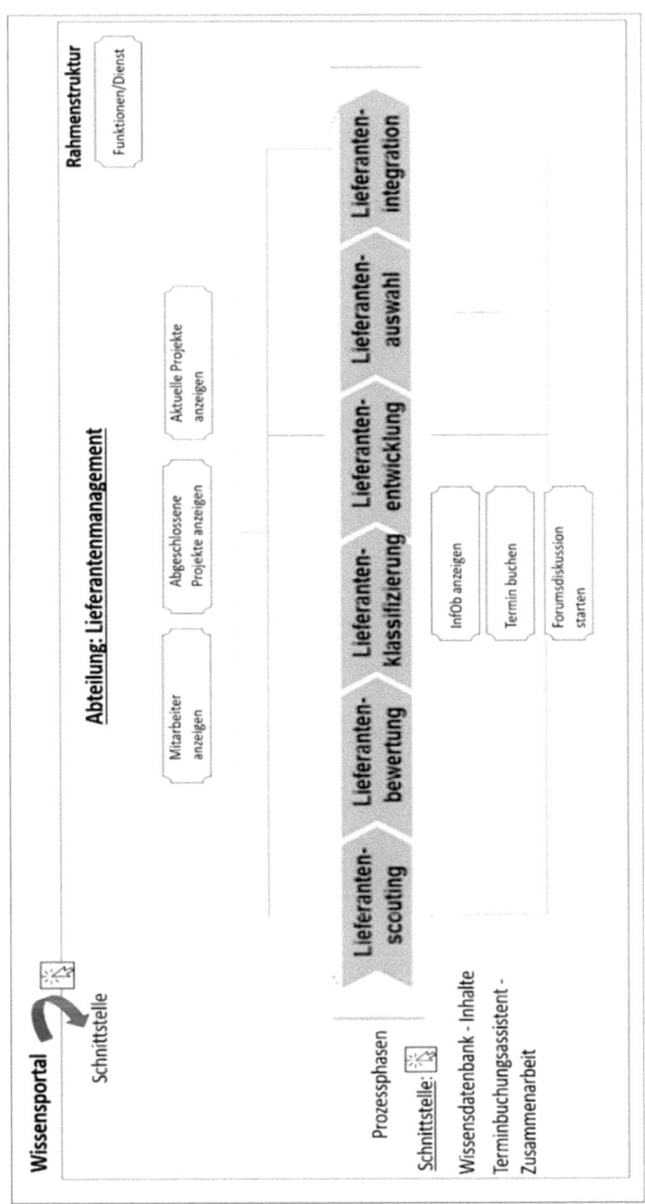

Abbildung 39: Wissensportal und Funktionen
(Quelle: Eigene Darstellung)

Durch die Adressierung der ineffektiven Datentransfers soll zudem der Green IS Aspekt durch die Verringerung des Datenvolumens berücksichtigt werden. Wie einleitend beschrieben, wird durch die Datentransfers ein Großteil der Energie in den Rechenzentren für die Speicher-Server aufgebraucht. Ein verringertes Datenvolumen soll demnach eine Verringerung der Speicher-Server erzielen. Dadurch wirkt das Green Knowledge Management System direkt auf den Energieverbrauch aus, was bei einem Green IS Ansatz unter dem Stichwort *„Sustainable Practicing"* zum Ausdruck kommt. Da jedoch der Mitarbeiter eine entscheidende Rolle bei dem Datentransfer einnimmt, schließlich entscheidet er was und auf welchem Wege er Informationen verteilt und speichert, soll der Faktor Mensch zusätzlich in dem Konzept inkludiert werden. Der Green IS Vorschlag soll demnach zu einem nachhaltigeren Verhalten beitragen. Dieser Ansatz wird unter dem Begriff „Sensemaking" verstanden. Die Abhängigkeit von „Sensemaking" und „Sustainable Pracicing" soll Abbildung 41 veranschaulichen.

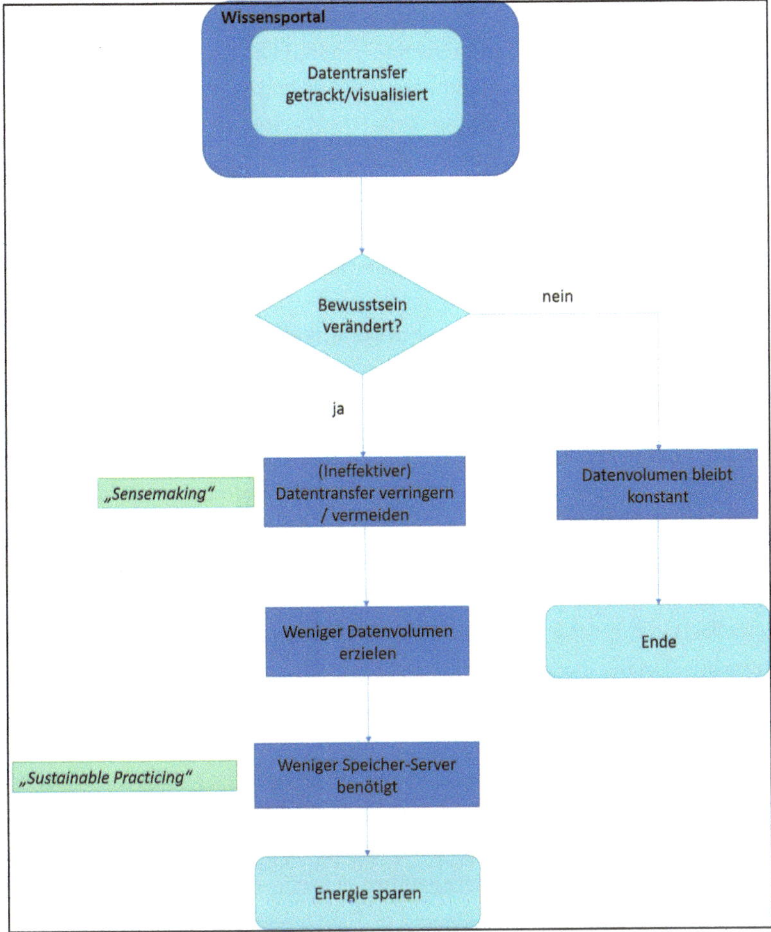

Abbildung 40: Abhängigkeit von "Sensemaking" und "Sustainable Practicing"
(Quelle: eigene Darstellung)

Aus Abbildung 41 wird ersichtlich, dass eine veränderte Handlung der Mitarbeiter bezüglich dem individuellen Datentransfer eine Voraussetzung zur Ressourcenschonung in der Wissensverteilung und Wissensbewahrung (Sustainable Pracicing) darstellt.

Zusammenfassend soll der Vorschlag des „Green Knowledge Management Systems" eine benutzerzentrierte Ausrichtung der Informationsbereitstellung darstellen und Möglichkeiten der Reduzierung von Informationen auf die Bedürfnisse der Nutzer aufzeigen. Durch eine Rahmenstruktur soll ein Kontext geschaffen werden, in welcher der Mitarbeiter Transparenz über Ansprechpartner, Zuständigkeiten, Informationen und Projekte in seinem persönlichen Aufgabenbereich erhält. So kann der Mitarbeiter Informationen schneller finden, auf sie zugreifen und effizienter austauschen. Das Wissensmanagementsystem soll so den Mitarbeiter bei dem Transfer relevanter, aktueller Daten an die richtige Person unterstützen und damit ineffektive Datentransfers verringern bzw. vermeiden. Die dadurch gegebenen Datenvolumina-Einsparungen sollen schlussfolgernd Ressourcen schonen und so zu einem nachhaltigeren Umgang innerhalb des IT-Sektors sorgen.

5.6 Hinweise zum zukünftigen Forschungsbedarf

Die hier vorliegende Arbeit zeigt Vorschläge zur Erweiterung gängiger Wissensmanagementsysteme im Hinblick auf ökologische Ressourceneinsparungen in den Phasen Wissensverteilung und Wissensbewahrung auf. Das Konzept berücksichtigt technische Potentiale zur Unterstützung einer effizienteren Möglichkeit Wissen im Unternehmen zu verteilen und zu speichern. Die Wichtigkeit des Faktors „Mensch" bei der Umsetzung konkreter Nachhaltigkeitsvorhaben wurde herausgearbeitet. Im Hinblick auf den Erfolg eines Systems bildet dieser Faktor eine Schlüsselrolle. Denkbar ist eine Erweiterung des Konzepts im Hinblick auf eine bedarfsgerechte Bereitstellung von Informationen durch semantische Technologien zur Wissensextraktion und die Ausarbeitung der ökologischen Wirkungsweise. Wird demnach nicht die technische Struktur eines Wissensmanagementsystems zur Bereitstellung nutzerzentrierter Informationen untersucht, sondern wie relevante Informationen aktiv von dem System durch die Technologien herausgefiltert werden können. Darüber hinaus kann eine vollständige Anforderungsanalyse an ein „Green Knowledge Management" durchgeführt werden, bei dieser auch Faktoren wie „nicht-funktionale" Anforderungen z.B. Softwareergonomie-Ansätze berücksichtigt werden. Weiterer Forschungsbedarf besteht im Bereich der Systemintegration in vorhandene Wissensmanagementsystem-Strukturen. Unternehmen betreiben heute eine Vielzahl von Informationssystemen zur Unterstützung des „Wissensarbeiters". So bedarf es einer systematischen Aufarbeitung, wie „nachhaltigere" Ansätze in vorhandene Wissensmanagement-Systemstrukturen integriert werden können. Vorstellbar ist dies in Form eines Implementierungsmodells und in einem weiteren Schritt, indem eine unternehmensweite Anbindung an die bestehenden Informationsplattformen stattfindet. Darüber hinaus ist ein Modell zur Erfolgsmessung eines „Green Knowledge Management Systems" vorstellbar. In dieser

Arbeit ist ein Vorgang zu entwerfen, anhand welcher Kennzahlen das System „erfolgreich" im Sinne der Definition einzustufen ist.

Zudem sind bei der Untersuchung von Gegenstandbereichen, welche sich durch eine hohe Komplexität, Neuartigkeit und zeitlichen Veränderung, was bei der Organisationsunterstützung von Wissensmanagement durch Informationssysteme zutrifft, qualitative Forschungsmethoden geeignet z.B. die Aktionsforschung.[431]

An dieser Stelle soll nochmal der allgemeine Forschungsbedarf im Green IS Umfeld angemerkt werden. So ist eine Ausrichtung wie in dieser Arbeit im eigenen IS Sektor denkbar. Das bedeutet, es soll der Forschung wie Informationssysteme Ressourcen im eigenen Sektor einsparen können, nachgegangen werden. Im Vergleich zum Einsatz von Green IS in „branchenfremden" Sektoren ist hier der Forschungsbestand besonders gering.

---

[431] Vgl. Riempp, G. (2012), S. 315

6 Zusammenfassung

In der heutigen Wissensgesellschaft stellt ein internes Wissensmanagement für Unternehmen ein wichtiger Wettbewerbsvorteil dar. Einflussfaktoren und Treiber für ein ganzheitliches Wissensmanagement sind neben der Organisation und den Unternehmensmitgliedern auch die Informations- und Kommunikationstechnologie.

Insbesondere in globalen und verteilten Organisationen nimmt letztgenannter Punkt eine wichtige Rolle zur Möglichkeit eines schnellen, unternehmensweiten Informationsaustauschs ein. Durch die technologische Möglichkeit der Verteilung von Informationen an beliebig viele Adressaten, gehen jedoch auch neue Herausforderungen einher. So fühlen sich viele Mitarbeiter trotz des gestiegenen Informationsaufkommens immer schlechter informiert. Die gängigen Kommunikationsmöglichkeiten im Wissensmanagement z.B. die Nutzung der E-Mail werden häufig zweckentfremdet. So werden Mitarbeiter mit einer Fülle an Informationen konfrontiert, für welche sie gegeben falls nicht der richtige Ansprechpartner darstellen oder für welche sich inhaltlich keine Relevanz erschließt.

Statt den Mitarbeiter zu informieren, tragen die technologischen Möglichkeiten zur Informationsverteilung so zunehmend zur Überforderung durch diese „ineffektiven Datentransfers" bei. Mitarbeiter sind gezwungen einen Großteil ihrer Arbeitszeit zur Suche nach *relevanten* Informationen aufzuwenden. Damit steigen Kosten durch vermehrten Personal- und Materialaufwand. Da jeder (ineffektive) Datentransfer aber auch Energie verbraucht, hat das vermehrte Datenaufkommen auch ökologische Auswirkungen. Dieser Zusammenhang stellt die Problemstellung dieser Arbeit dar. Zwar sind Daten für alle Organisationen notwendig, trotzdem bedeutet eine höhere Anzahl an Daten nicht unbedingt bessere Daten. Da Daten nur in einem Kontext zu Informationen, welche wiederum durch Vernetzung bestehender Informationen schließlich zu wertvollem Wissen transformiert werden können, kommen Daten als solche keine inhärente Bedeutung zu. Damit die transferierten Daten den Empfänger also informieren, muss der Empfänger sie unmittelbar kontextualisieren können.

Um das Datenvolumen innerhalb des Wissensmanagements zu verringern und damit zu einer erhöhten Nachhaltigkeit durch einen geringeren Energieverbrauch beizutragen, ging die Arbeit der Frage nach, wie ein Wissensmanagementsystem ineffektive Datentransfers adressieren kann. Durch einen daraus resultierenden geringeren Energieverbrauch soll das System im Sinne eines „Green Information

System" fungieren. Das bedeutet, dass durch die bereitgestellten Funktionalitäten des Systems eine nachhaltigere Prozessausführung innerhalb des Wissensmanagements erzielt werden soll.

Um eine fundierte Ausgangsbasis für das zu entwickelnde Konzept zu erschließen, sollte das Konzept zunächst in den organisatorischen Gesamtkontext eingeordnet werden. Dazu war sowohl eine Prozess- als auch eine IT-Betrachtung notwendig. Das heißt zum einen muss der Prozess des Wissensmanagements in der Konzeption inkludiert werden. Zum anderen ist der systemseitige Aspekt zur Unterstützung des Wissensmanagements, das Wissensmanagement-System heranzuziehen. Zur prozessseitigen Einordnung wurden die Wissensbausteine nach *Probst et al.* herangezogen. Eine integrierte Wissensmanagementsystem-Architektur, welche die Aspekte des Faktors Mensch, Organisation und Informationssysteme adäquat berücksichtigt, konnte bei *Riempp* gefunden werden. Diese Referenzarchitektur ging es in der Green IS-Ausrichtung des Wissensmanagement-Systems in dieser Arbeit zur Vermeidung ineffektiver Datentransfers zu erweitern.

Um ineffektive Datentransfers überhaupt adäquat durch technische Vorschläge zu adressieren, galt die Definition des Terminus innerhalb dieser Arbeit. Demnach liegt ein ineffektiver Datentransfer vor, wenn ein irrelevantes oder veraltetes Informationsobjekt (Nachricht, Dokument...) von einem Sender an einen Empfänger mittels Informations- und Kommunikationsmittel übertragen wird. „Irrelevant" bedeutet, dass die Information nicht zum Aufbau der organisationalen Wissensbasis beiträgt (z.B. Floskeln in einer E-Mail) oder die Information beim Empfänger nicht mit vorhandenen Informationen verknüpft werden kann (z.B. bei Sendung an den falschen Empfänger). Die Auswirkungen der Datentransfers wurden den Kategorien „Daten- und Informationsflut", „Intransparenz" sowie „Defizitäre Datenbestände" zugeordnet. Unter einem ökologischen Gesichtspunkt tragen diese Datentransfers zum Energieverbrauch bei. Zum einen verbrauchen die Rechenzentren beim Transfer Strom. Zum anderen führen die Datentransfers zu einem erhöhten Datenvolumen, weshalb mehr Speicherkapazitäten benötigt werden. Die ineffektiven Datentransfers lassen sich daher den Wissensbausteinen Wissensverteilung (Transfer) und der Wissensbewahrung (Speicherung) zuordnen.

So wird zum einen Energie beim direkten Transfer innerhalb der Wissensverteilung benötigt. Beispielsweise beim Versenden einer E-Mail von einem Sender zum Empfänger. Gleichzeitig werden dadurch Daten auf den Servern gespeichert. Die Server sind Teil von Rechenzentren, welche zum einen Energie für die Infrastruktur-Komponenten z.B. zur Kühlung benötigen. Andererseits wird Energie durch die

IT selbst verbraucht. Da sich die Aufschlüsselung des Energieverbrauchs auf einzelnen IT Komponenten als komplexe Herausforderung darstellt, wurde das Augenmerk auf die Speicherung der Daten gelegt.

Auf Basis der zuvor identifizierten ineffektiven Datentransfers wurden Anforderungen an das System abgeleitet. Die Anforderungen wurden daraufhin in die ausgewählte Rahmenarchitektur nach *Riempp* eingeordnet. Dabei lag der Fokus auf der Unterstützung des Wissensmanagements durch Informationssysteme, welche in vier Säulen eingeteilt werden: Inhalte, Zusammenarbeit, Kompetenz und Orientierung. Diese Säulen galt es um die Anforderungen in einem Vorschlag zu erweitern, damit ineffektive Datentransfers vermieden werden können. Da Wissen ein temporärer und situativer - stets in einem Kontext stehender - Prozess ist, liegt das Hauptaugenmerk des Konzepts eine Rahmenstruktur zu schaffen, welche den persönlichen Kontext der Mitarbeiter mit den eigenen Zielsetzungen, Aufgaben und fachlichen Problemen mit dem Geschäftskontext zusammenzuführen. Dies bedeutet, dass das Wissensmanagementsystem zur Vermeidung ineffektiver Datentransfer durch die technischen Funktionen einen benutzerzentrierten Kontext der Informationen offerieren soll.

In einem ersten Schritt galt es daher eine geeignete Rahmenstruktur zur Wissensverteilung,-nutzung und -bewahrung zu erarbeiten. Dazu wurde der Vorschlag eines Wissensportals innerhalb eines Social-Intranets angeführt. Dieses bietet die Möglichkeit personalisierter Profile, weshalb eine individuelle Informationsbereitstellung des Systems erfolgen kann.

Um veraltete Daten und Doppelungen in der Datenablage zu verhindern, gilt der Vorschlag einer zentralen Wissensdatenbank. Damit das Wiederauffinden von nützlichen Informationen gewährleistet wird, soll diese über eine Schnittstelle mit der Rahmenstruktur gekoppelt werden. Damit können Informationsobjekte direkt einer Prozessphase und gegeben falls zuständigen Mitarbeitern zugeteilt werden. Die zentrale Ablage hat den Vorteil, dass Informationsobjekte nicht einzeln an Mitarbeiter versendet werden müssen und auf eine konsistente Datenbasis zugegriffen werden kann.

Ein weiterer Vorschlag für das Green Knowledge Management, ist eine Funktion zur Förderung des Aufbaus des organisationalen Wissens, indem implizites Wissen durch direkte Kommunikation ausgetauscht wird. Dem System kommt die Aufgabe zu, diese „Wissensmeetings" durch eine geeignete Schnittstelle zum Terminplanungsassistenten zu koordinieren. Dadurch können Unklarheiten direkt gelöst werden (und nicht per Datentransfer). Die „Lessons Learnt" aus den Meetings sollen daraufhin dokumentiert und auf der zentralen Datenbank publiziert werden. Die Externalisierung des (explizierbaren) Wissens sollen anderen Abteilungen Hilfestellungen für ähnliche Probleme liefern. Damit bei abteilungsübergreifenden Problemen zeitnah Problemlösungsvorschläge erlangt werden, ist zudem die Funktion zur Problemlösung in Foren aufgegriffen. Dabei kann eine Frage an die Mitarbeiter einer Prozessphase gestellt werden.

Durch die Adressierung der ineffektiven Datentransfers soll zudem der Green IS Aspekt durch die Verringerung des Datenvolumens berücksichtigt werden. Wie beschrieben, wird durch die Datentransfers ein Großteil der Energie in den Rechenzentren für die Speicher-Server aufgebraucht. Ein verringertes Datenvolumen soll demnach eine Verringerung der Speicher-Server erzielen. Dadurch wirkt das Green Knowledge Management System direkt auf den Energieverbrauch aus, was bei einem Green IS Ansatz unter dem Stichwort *Sustainable Practicing* zum Ausdruck kommt. Da jedoch der Mitarbeiter eine entscheidende Rolle bei dem Datentransfer einnimmt, schließlich entscheidet er was und auf welchem Wege er Informationen verteilt und speichert, sollte der Faktor „Mensch" zusätzlich in dem Konzept inkludiert werden. Der Green IS Vorschlag soll demnach zu einem nachhaltigeren Verhalten beitragen. Dieser Ansatz wird unter dem Begriff „Sensemaking" verstanden

Zusammenfassend soll der Vorschlag des „Green Knowledge Management Systems" eine benutzerzentrierte Ausrichtung der Informationsbereitstellung darstellen und Möglichkeiten der Reduzierung von Informationen auf die Bedürfnisse der Nutzer aufzeigen. Durch eine Rahmenstruktur soll ein Kontext geschaffen werden, in welcher der Mitarbeiter Transparenz über Ansprechpartner, Zuständigkeiten, Informationen und Projekte in seinem persönlichen Aufgabenbereich erhält. So kann er Informationen schneller finden, auf sie zugreifen und effizienter austauschen. Demnach soll der Datenflut, Intransparenz und defizitärer Datenbestände entgegengewirkt werden. Das Wissensmanagementsystem soll so den Mitarbeiter bei dem Transfer relevanter, aktueller Daten an die richtige Person unterstützen und damit ineffektive Datentransfers verringern bzw. vermeiden. Die dadurch gegebenen Datenvolumina-Einsparungen sollen schlussfolgernd Ressourcen schonen und so zu einem nachhaltigeren Umgang innerhalb des IT-Sektors sorgen.

Literaturverzeichnis

Adlesgruber, Sandra (2016): Nachhaltigkeit in der IT-Branche. Hg. v. computerworld.ch. Online verfügbar unter https://www.computerworld.ch/business/forschung/nachhaltigkeit-in-it-branche-1343182.html, zuletzt geprüft am 24.02.2019.

Albrecht, F. (1993): Strategisches Management der Unternehmensressource Wissen. inhaltliche Ansatzpunkte und Überlegungen zu einem konzeptionellen Gestaltungsrahmen: Frankfurt am Main [u.a.] : Lang (Europäische Hochschulschriften / Reihe 5, Volks- und Betriebswirtschaft).

Aldrich, H. (2008): Organizations and Environments: Stanford University Press. Online verfügbar unter https://books.google.de/books?id=CkK-sAAAAIAAJ.

Alex, Björn; Becker, Dieter; Stratmann, Jan (2002): Ganzheitliches Wissensmanagement und wertorientierte Unternehmensführung. In: *Wissensmanagement : zwischen Wissen und Nichtwissen*.

Al-Laham, A. (2016): Organisationales Wissensmanagement. Eine strategische Perspektive. München: Verlag Franz Vahlen (Vahlens Handbücher der Wirtschafts- und Sozialwissenschaften).

Aulinger, Andreas; Pfriem, Reinhard; Fischer, Dirk (2001): Wissen managen - ein weiterer Beitrag zum Mythos des Wissens? Oder: emotionale Intelligenz und Institution im Wissensmanagement. In: *Wissen in Unternehmen : Konzepte, Maßnahmen, Methoden*.

Bach, W. (2014): Unified Communications. Effizienzsteigerung von Informations- und Kommunikationssystemen: Bod Third Party Titles. Online verfügbar unter https://books.google.de/books?id=dhgyBgAAQBAJ.

Baker, Jeff; Avital, Michel; Davis, Gordon B.; Land, Frank F.; Morgan, Howard; Wetherbe, James C. (2010): Technologies that Transform Business and Research. Lessons from the Past as We Look to the Future. In: *undefined*. Online verfügbar unter http://aisel.aisnet.org/cais/vol28/iss1/29.

Bea, Franz Xaver (2000): Wissensmanagement. In: *Wirtschaftswissenschaftliches Studium : WiSt : Zeitschrift für Studium und Forschung* 29 (7).

Becker, T. (2012): Management mit Kultur. Die wachsende Rolle von Kunst und Kultur in der Managementausbildung: Springer Fachmedien Wiesbaden. Online verfügbar unter https://books.google.de/books?id=ZXsuB-AAAQBAJ.

Berns, Maurice; Townend, Andrew; Khayat, Zayna (2009): Sustainability and Competitive Advantage. In: *MIT SLOAN MANAGEMENT REVIEW*, zuletzt geprüft am 11.05.2019.

Bick, Markus (2019): Wissensmanagement, Bausteinmodell des — Enzyklopaedie der Wirtschaftsinformatik. Online verfügbar unter http://www.enzyklopaedie-der-wirtschaftsinformatik.de/lexikon/daten-wissen/Wissensmanagement/Wissensmanagement--Modelle-des/Wissensmanagement--Bausteinmodell-des-, zuletzt geprüft am 17.03.2019.

Bodendorf, F. (2013): Daten- und Wissensmanagement: Springer Berlin Heidelberg. Online verfügbar unter https://books.google.de/books?id=VVgmB-gAAQBAJ.

Borys, E. E. (2010): Wissensmanagement in modernen Organisationen. Wissensmanagement als Instrument der Strukturierung von Rahmenbedingungen für die Formalisierung von kontinuierlichen und systematischen Lernprozessen in Arbeitsorganisationen: GRIN Verlag. Online verfügbar unter https://books.google.de/books?id=uhTDhptNkB4C.

Boston Consulting Group (BCG) (2009): SMART 2020 Addendum Deutschland: Die IKT-Industrie als treibende Kraft auf dem Weg zu nachhaltigem Klimaschutz. Online verfügbar unter https://www.telekom.com/resource/blob/314946/845c540d99f81aceab95a67521188193/dl-smart-2020-data.pdf, zuletzt aktualisiert am 12.05.2019.

Breitmeier, J. (2015): Ein Weg zur lernenden Organisation. Kompetenzentwicklung von Mitarbeitern: BACHELOR + MASTER PUBLISHING. Online verfügbar unter https://books.google.de/books?id=ukFoCwAAQBAJ.

Brenner, W. (2013): Konzepte des Informationssystem-Managements: Physica-Verlag HD. Online verfügbar unter https://books.google.de/books?id=V2GgBgAAQBAJ.

Brooks, Stoney; Wang, Xuequn; Sarker, Saonee (2010): Unpacking Green IT. A Review of the Existing Literature. In: *undefined*. Online verfügbar unter https://pdfs.seman-ticscholar.org/fe34/d21c85c15cde26769cca3478ebe6db8ccf37.pdf.

Broßmann, Michael; Mödinger, Wilfried (Hg.) (2011): Praxisguide Wissensma-nagement. Qualifizieren in Gegenwart und Zukunft ; Planung, Umsetzung und Controlling im Unternehmen. Berlin: Springer (X.media-press).

Bucher, M.; Bullinger, H.-J.; Müller, M. (2001): Knowledge meets system. Wis-sensbasierte Informationssysteme. Stuttgart: Fraunhofer-Institut für Ar-beitswirtschaft und Organisation IAO.

Buhl, Hans Ulrich; Laartz, Jürgen; Löffler, Markus; Röglinger, Maximilian (2009): Green IT reicht nicht aus! In: *Wirtschaftsinformatik und Manage-ment* 1 (1), S. 54–58. DOI: 10.1007/BF03248172.

Bullinger, H. J.; Warschat, J.; Prieto, J.; Wörner, K. (1998): Wissensmanagement - Anspruch und Wirklichkeit: Ergebnisse einer Unternehmensstudie in Deutschland. In: *IM Information Management & Consulting* 13 (1), S. 7–23.

Butler, Tom (2011): Compliance with institutional imperatives on environmen-tal sustainability. Building theory on the role of Green IS. In: *The Journal of Strategic Information Systems* 20 (1), S. 6–26. DOI: 10.1016/j.jsis.2010.09.006.

C. A. Ellis, S. J. Gibbs, G.L. Rein (1991): Groupware. Some issues and experi-ences.

Cerebrix.de (2010): Wissensmanagement-System: Effizienter Zugriff auf Infor-mationen - DOK.magazin. Online verfügbar unter http://dokmaga-zin.de/wissensmanagement-system-effizienter-zugriff-auf-informatio-nen/, zuletzt geprüft am 07.05.2019.

Community of Knowledge (2016): Wissensmanagement in Theorie und Praxis. Hg. v. Community of Knowledge. Online verfügbar unter http://www.com-munity-of-knowledge.de/wissensmanagement/, zuletzt geprüft am 13.01.2019.

computerwoche.de (1996): Hinweise für eine sichere Migration: Der Weg vom Client-Server zum Intranet. Online verfügbar unter https://www.compu-terwoche.de/a/der-weg-vom-client-server-zum-intranet,1109519, zuletzt geprüft am 18.05.2019.

Corso, Mariano; Martini, Antonella; Pellegrini, Luisa; Paolucci, Emilio (2003): Technological and Organizational Tools for Knowledge Management. In Search of Configurations. In: *Small Business Economics* 21 (4), S. 397–408. DOI: 10.1023/A:1026123322900.

Davenport, T. H.; Prusak, L. (1998): Wenn Ihr Unternehmen wüßte, was es alles weiß … Das Praxishandbuch zum Wissensmanagement ; [aus Informationen Gewinne machen ; verborgenes Potential entdecken ; von internationalen Organisationen lernen]: mi, Verlag Moderne Industrie. Online verfügbar unter https://books.google.de/books?id=p79LAAAACAAJ.

Dittmar, Carsten (Hg.) (2013): Knowledge Warehouse. Ein integrativer Ansatz des Organisationsgedächtnisses und die computergestützte Umsetzung auf Basis des Data Warehouse-Konzepts. Wiesbaden: Deutscher Universitätsverlag.

Döring, H. (2016): Wissensmanagement in Familienunternehmen: Springer Fachmedien Wiesbaden. Online verfügbar unter https://books.google.de/books?id=U-EgDAAAQBAJ.

Dornhöfer, M.-J. (2017): Green Knowledge Management zur Unterstützung ökologischer Nachhaltigkeit. Online verfügbar unter http://dokumentix.ub.uni-siegen.de/opus/volltexte/2017/1114/pdf/Dissertation_Mareike_Dornhoefer.pdf.

Drucker, P. (2013): Managing for the Future: Taylor & Francis. Online verfügbar unter https://books.google.de/books?id=Kt05pYGR5JUC.

Duden (2018): Das Bedeutungswörterbuch. Bedeutung und Gebrauch von rund 20 000 Wörtern der deutschen Gegenwartssprache: Bibliographisches Institut. Online verfügbar unter https://books.google.de/books?id=aOtUDwAAQBAJ.

Eccles, Robert G.; Ioannou, Ioannis; Serafeim, George (2014): The Impact of Corporate Sustainability on Organizational Processes and Performance. In: *Management Science* 60 (11), S. 2835–2857.

Eccles, Robert G.; Serafeim, George; Miller Perkins, Kathleen (2012): How to Become a Sustainable Company. Hg. v. www.researchgate.net. Online verfügbar unter https://www.researchgate.net/publication/260384268_How_to_Become_a_Sustainable_Company, zuletzt aktualisiert am 06.03.2017, zuletzt geprüft am 01.02.2019.

Erek, K.; Löser, F.; Zarnekow, R. (2013): Nachhaltigkeit in IT-Organisationen - Ein Forschungsrahmen für das Nachhaltige Informationsmanagement. Leipzig: Merkur Druck- & Kopierzentrum GmbH & Co. KG.

Erek, Koray (2012): Nachhaltiges Informationsmanagement. Gestaltungsansätze und Handlungsempfehlungen für IT-Organisationen. In: *Schriftenreihe Informations- und Kommunikationsmanagement der Technischen Universität Berlin*. Online verfügbar unter https://depositonce.tu-berlin.de//bitstream/11303/3459/1/Dokument_30.pdf.

Erek, Koray; Zarnekow, Rüdiger (2009): Managementansätze für nachhaltiges Informationsmanagement. In: Frank Keuper und Fritz Neumann (Hg.): Wissens- und Informationsmanagement. Strategien, Organisation und Prozesse. Wiesbaden: Gabler Verlag, S. 413–438.

Forschungsinstitut Betriebliche Bildung (2018): Wissensidentifikation. Hg. v. f-bb. Forschungsinstitut Betriebliche Bildung (f-bb). Online verfügbar unter http://qib.f-bb.de/wissensmanagement/wie/wissensidentifikation/wissensidentifikation.rsys, zuletzt geprüft am 17.03.2019.

Freeman, R. E. (2010): Strategic Management. A Stakeholder Approach: Cambridge University Press. Online verfügbar unter https://books.google.de/books?id=NpmA_qEiOpkC.

Frey-Luxemburger, Monika; Bischoff, Rainer (Hg.) (2014): Wissensmanagement - Grundlagen und praktische Anwendung. Eine Einführung in das IT-gestützte Management der Ressource Wissen. 2nd ed. Wiesbaden: Springer (IT im Unternehmen).

Gartner (2014): Gartner Says One Third of Fortune 100 Organizations Will Face an Information Crisis by 2017. Online verfügbar unter https://www.gartner.com/en/newsroom/press-releases/2014-02-27-gartner-says-one-third-of-fortune-100-organizations-will-face-an-information-crisis-by-2017, zuletzt geprüft am 18.05.2019.

Ginolas, Michael (2012): Theoriesammlung: Wissensspirale nach Nonaka & Takeuchi | digitalwandler. Hg. v. http://www.ginolas.de. Online verfügbar unter http://www.ginolas.de/michael/wissenspirale-nach-takeuchi/, zuletzt geprüft am 29.01.2019.

Google (2011): google-green-computing. Online verfügbar unter https://static.googleusercontent.com/media/www.google.com/de//green/pdfs/google-green-computing.pdf, zuletzt geprüft am 18.05.2019.

Gronau, N. (2009): Anwendungen und Systeme für das Wissensmanagement. Ein aktueller Überblick: GITO. Online verfügbar unter https://books.google.de/books?id=cF6lpa7MNpgC.

Grözinger, Kerstin (2016): 4 Tipps für Tag-Management im Social Intranet. Hg. v. bvcm.org. Online verfügbar unter https://www.bvcm.org/2016/12/4-tipps-fuer-tag-management-im-social-intranet-2/, zuletzt geprüft am 18.05.2019.

Guretzky, B. v. (2001): Schritte zur Einführung des Wissensmanagements. Wissen verteilen und nutzen.

Haak, Liane (2002): Konzeption zur Integration eines Data Warehouse mit Wissensmanagementsystemen. Online verfügbar unter https://wi.uni-potsdam.de/hp.nsf/0/DC8CF81600491224C1256FAC002F17C3/$FILE/WI-2002-12.pdf, zuletzt geprüft am 16.05.2019.

Haanaes, Knut, Hopkins Michael, Balagopal, Balu (2011): New Sustainability Study: The Embracers Seize Advantage - ProQuest. Hg. v. MIT Sloan Management Review. Online verfügbar unter https://search.proquest.com/openview/e734735b68fb18fd8880a769644e0cfc/1?pq-origsite=gscholar&cbl=26142, zuletzt geprüft am 01.02.2019.

Hackmann, Joachim (2014): Nicht mehr zeitgemäß: Ein Nachruf auf die E-Mail. Hg. v. www.channelpartner.de. Online verfügbar unter https://www.channelpartner.de/a/ein-nachruf-auf-die-e-mail,2387120, zuletzt geprüft am 09.03.2019.

Hannig, Uwe; Tachkov, Philipp (2011): Nachhaltige Unternehmensführung lohnt sich. Messung der Nachhaltigkeit. Online verfügbar unter https://i-mis.de/portal/load/fid816043/Studie%20zur%20nachhaltigen%20Unternehmensf%C3%BChrung.pdf, zuletzt geprüft am 05.02.2019.

Hartmann, W. D.; Walther, D. (2009): Green Business - das Milliardengeschäft. Nach den Dot-coms kommen jetzt die Dot-greens: Gabler Verlag. Online verfügbar unter https://books.google.de/books?id=U1g-2k0riIQC.

Henn, Susanne (2018): Klimabilanz: Warum man auch bei E-Mails Strom sparen kann | SWR3. SWR3. Online verfügbar unter https://www.swr3.de/aktuell/nachrichten/Klimabilanz-Warum-man-auch-bei-E-Mails-Strom-sparen-kann/-/id=47428/did=4824890/snzs6k/index.html;, zuletzt aktualisiert am 01.01.2018, zuletzt geprüft am 09.03.2019.

Herrmann, T.; Hoffmann, M.; Loser, K. (2001): Wissensmanagement mitgestalten. Konzepte, Methoden und Bewertungskriterien. Oberhausen (Reihe Arbeit, Gesundheit, Umwelt, Technik, 50).

Hilpert, Hendrik; Kranz, Johann; Schumann, Matthias (2013): Green Information Systems wirksam einsetzen. In: *WIRTSCHAFTSINFORMATIK* 55 (5), S. 315–327. DOI: 10.1007/s11576-013-0379-x.

Hilty, Lorenz; Lohmann, Wolfgang; Dr. Siegfried Behrendt; Michaela Evers-Wölk,Prof. Dr. Klaus Fichter; Dr. Ralph Hintemann (2013): Grüne Software. Ermittlung und Erschließung von Umweltschutzpotenzialen der Informations- und Kommunikationstechnik (Green IT). In: *Umweltbundesamt*. Online verfügbar unter https://www.umweltbundesamt.de/sites/default/files/medien/378/publikationen/texte_22_2015_gruene_software.pdf, zuletzt geprüft am 06.05.2019.

Hintemann, Ralph (2016): Rechenzentren – Energiefresser oder Effizienzwunder? Hg. v. www.informatik-aktuell.de. Online verfügbar unter https://www.informatik-aktuell.de/betrieb/server/rechenzentren-energiefresser-oder-effizienzwunder.html, zuletzt geprüft am 16.05.2019.

Hüppe, Sebastian (2014): Weiß ein Unternehmen, was es weiß bzw. an Wissen zu verlieren droht? : die Bedeutung von Wissensmanagement vor dem Hintergrund des demograpschen Wandels, zuletzt geprüft am 16.05.2019.

Ikujiro Nonaka; Hirotaka Takeuchi (1995): The Knowledge-Creating Company. How Japanese Companies Create the Dynamics of Innovation.

Ilgen, A. (2013): Wissensmanagement im Großanlagenbau. Ganzheitlicher Ansatz und empirische Prüfung: Deutscher Universitätsverlag. Online verfügbar unter https://books.google.de/books?id=u9ohBgAAQBAJ.

intranet.typepad.com (2011): Intranet Server for Business. Online verfügbar unter https://intranet.typepad.com/, zuletzt geprüft am 18.05.2019.

Jackson, Thomas; Dawson, Ray; Wilson, Darren (2001): The cost of email interruption. In: *Journal of Systems and Information Technology* 5 (1), S. 81–92. DOI: 10.1108/13287260180000760.

Jarugski, M. (2003): Realisierungskonzept eines Wissensmanagementsystems für ein Beratungshaus auf Basis von Hyperwave Software: Diplom.de. Online verfügbar unter https://books.google.de/books?id=SpF6AQAAQBAJ.

Johannsen, W.; Goeken, M. (2011): Referenzmodelle für IT-Governance. Methodische Unterstützung der Unternehmens-IT mit COBIT, ITIL & Co: dpunkt.verlag. Online verfügbar unter https://books.google.de/books?id=vmh4DwAAQBAJ.

Joos, Michael (2012): Dokumentenmanagement – welche Möglichkeiten gibt es, die heutige Datenflut in den Griff zu bekommen? In: *Wirtschaftsinformatik & Management* 4 (4), S. 78–80. DOI: 10.1365/s35764-012-0165-3.

Jung, Reinhard; Myrach, Thomas (Hg.) (2008): Quo vadis Wirtschaftsinformatik? Wiesbaden: Gabler / GWV Fachverlage GmbH, Wiesbaden (Gabler Edition Wissenschaft).

Jüngling, Thomas (2013): Zettabytes: Datenvolumen verdoppelt sich alle zwei Jahre - WELT. Hg. v. welt.de. Online verfügbar unter https://www.welt.de/wirtschaft/webwelt/article118099520/Datenvolumen-verdoppelt-sich-alle-zwei-Jahre.html, zuletzt aktualisiert am 01.01.2013, zuletzt geprüft am 09.03.2019.

Karjaluoto, Heikki; Simula, Henri; Lehtimäki, Tuula (2009): Managing greenness in technology marketing. In: *J of Systems and Info Tech* 11 (4), S. 331–346. DOI: 10.1108/13287260911002486.

Katenkamp, O. (2011): Implizites Wissen in Organisationen. Konzepte, Methoden und Ansätze im Wissensmanagement: VS Verlag für Sozialwissenschaften. Online verfügbar unter https://books.google.de/books?id=mIE-eBAAAQBAJ.

Keuper, Frank; Neumann, Fritz (Hg.) (2009): Wissens- und Informationsmanagement. Strategien, Organisation und Prozesse. Wiesbaden: Gabler Verlag.

Kiese, Philip Erik Maximilian (2017): Analyse der mit erhöhtem IT-Einsatz verbundenen Energieverbräuche infolge der zunehmenden Digitalisierun. Status Quo und Prognosen. Online verfügbar unter https://www.dena.de/fileadmin/dena/Dokumente/Pdf/9232_dena-Metastudie_Analyse_IT-Einsatz_Energieverbraeuche_Digitalisierung.pdf, zuletzt geprüft am 07.05.2019.

Kilian, D.; Krismer, R.; Loreck, S. et al. (2013): Wissensmanagement. Werkzeuge für Praktiker: Linde Verlag GmbH. Online verfügbar unter https://books.google.de/books?id=ljeLBgAAQBAJ.

Kiron, David; Kruschwitz, Nina; Reeves,Martin ,Goh,Eugene (2013): The Benefits of The Benefits of Sustainability-Driven Innovation. Hg. v. MIT Sloan Management Review. Online verfügbar unter https://sloanreview.mit.edu/files/2012/12/f0bfde1b37.pdf, zuletzt geprüft am 01.02.2019.

Klosa, O. (2013): Wissensmanagementsysteme in Unternehmen. State-of-the-Art des Einsatzes: Deutscher Universitätsverlag. Online verfügbar unter https://books.google.de/books?id=jI34BQAAQBAJ.

Koch, Michael (2008): (PDF) Wissenssuche: Wo sind die Experten? Online verfügbar unter https://www.researchgate.net/publication/230634675_Wissenssuche_Wo_sind_die_Experten, zuletzt aktualisiert am 17.07.2016, zuletzt geprüft am 21.05.2019.

Kohl, H.; Mertins, K.; Seidel, H. (2016): Wissensmanagement im Mittelstand. Grundlagen - Lösungen - Praxisbeispiele. 2. vollständig überarbeitete und ergänzte Auflage. Heidelberg: Springer Gabler.

Krämer, Susanne (2009): Wissensmanagement – InfoWissWiki - Das Wiki der Informationswissenschaft. Online verfügbar unter https://wiki.infowiss.net/Wissensmanagement, zuletzt aktualisiert am 26.05.2017, zuletzt geprüft am 16.05.2019.

Krcmar, H. (2015): Informationsmanagement: Springer Berlin Heidelberg. Online verfügbar unter https://books.google.de/books?id=tEv0BwAAQBAJ.

Krcmar, Helmut; Böhmann, Tilo (2013): Wissensmanagement-Werkzeuge. In: Hans-Dietrich Haasis und Torsten Kriwald (Hg.): Wissensmanagement in Produktion und Umweltschutz. Berlin: Springer Berlin Heidelberg, S. 45–55.

Kusterer, S. (2008): Qualitätssicherung im Wissensmanagement. Eine Fallstudienanalyse. 1. Aufl. Wiesbaden: Gabler (Gabler Edition Wissenschaft).

Ladner, Ralf (2017): Produktivitätsverlust durch ineffektive Kommunikation. Online verfügbar unter https://netzpalaver.de/2017/04/04/produktivitaetsverlust-durch-ineffektive-kommunikation/, zuletzt geprüft am 07.05.2019.

Lasogga, Frank (2001): Grundlagen, Erfolgsfaktoren und Umsetzung von Wissensmanagement-Systemen. Hg. v. community-of-knowledge.de. Online verfügbar unter http://www.community-of-knowledge.de/beitrag/grundlagen-erfolgsfaktoren-und-umsetzung-von-wissensmanagement-systemen/, zuletzt geprüft am 07.05.2019.

Lasogga, Dr. rer. pol. Frank (2001): Grundlagen, Erfolgsfaktoren und Umsetzung von Wissensmanagement-Systemen.

Lehner, F. (2014): Wissensmanagement. Grundlagen, Methoden und technische Unterstützung: Carl Hanser Verlag GmbH & Company KG. Online verfügbar unter https://books.google.de/books?id=DmCqBAAAQBAJ.

Lehnert, Oliver (2010a): Wer sucht, der findet? Online verfügbar unter https://www.wissensmanagement.net/fileadmin/backend_upload/paid_content/artikel_pdfs/2010_02_001.pdf, zuletzt geprüft am 16.05.2019.

Lehnert, Oliver (2010b): WIEDERSEHEN MACHT FREUDE: AUF DER SUCHE NACH VORHANDENEM WISSEN. Hg. v. wissensmanagement - das Magazin für Digitalisierung, Vernetzung & Collaboration: Heft. Online verfügbar unter https://www.wissensmanagement.net/zeitschrift/archiv/archiv/heft/2/2010/titelthema/wiedersehen_macht_freudeauf_der_suche_nach_vorhandenem_wissen.html, zuletzt geprüft am 17.03.2019.

Lewandowski, L. (2005): Konzeptionierung und Realisierung eines Wissensmanagementsystems für ein Finanzdienstleistungsunternehmen: GRIN Verlag. Online verfügbar unter https://books.google.de/books?id=N8KVnvk7u_cC.

Lichtenstein, Sharman; Swatman, Paula (2003): Sustainable Knowledge Management Systems: Integration Personalization and Contextualization. Online verfügbar unter https://aisel.aisnet.org/cgi/viewcontent.cgi?referer=https://www.google.com/&httpsredir=1&article=1083&context=ecis2003, zuletzt geprüft am 07.05.2019.

Linsenmaier, Jürgen (2018): 5 Gründe, warum sich Nachhaltigkeit für Unternehmen lohnt. Hg. v. http://www.juergen-linsenmaier.de/. Online verfügbar unter http://www.juergen-linsenmaier.de/2018/02/warum-sich-nachhaltigkeit-fuer-unternehmen-lohnt/, zuletzt geprüft am 01.02.2019.

Loos, Peter; Nebel, Wolfgang; Marx Gómez, Jorge; Hasan, Helen; Watson, Richard T.; Vom Brocke, Jan et al. (2011): Green IT. Ein Thema für die Wirtschaftsinformatik? In: *WIRTSCHAFTSINFORMATIK* 53 (4), S. 239–247. DOI: 10.1007/s11576-011-0278-y.

Löser, F.; Zarnekow, R. (2015): Nachhaltiges IT-Management. Unternehmensweite Maßnahmen strategisch planen und erfolgreich umsetzen: dpunkt.verlag. Online verfügbar unter https://books.google.de/books?id=6RZ4DwAAQBAJ.

Lupprian, U. (2002): Intranetbasierte Datenbanksysteme im Kontext des Wissensmanagements. Motivationale und organisationale Funktionsvoraussetzungen: Diplom.de. Online verfügbar unter https://books.google.de/books?id=VRlkAQAAQBAJ.

Maier, R. (2007): Knowledge Management Systems. Information and Communication Technologies for Knowledge Management: Springer Berlin Heidelberg. Online verfügbar unter https://books.google.de/books?id=r5pAHIN1ChwC.

Maier, R. K.; Klosa, O. (1999): Wissensmanagementsysteme. Begriffsbestimmung, Funktion, Klassifikation und Online-Marktüberblick. Regensburg: Lehrstuhl für Wirtschaftsinformatik (Forschungsbericht / Universität Regensburg, Lehrstuhl für Wirtschaftsinformatik III, 36).

Maier, Ronald; Hädrich, Thomas (2001): Modell für die Er folgsmessung von Wissensmanagementsystemen. In: *WIRTSCHAFTSINFORMATIK* 43 (5), S. 497–509. DOI: 10.1007/BF03250814.

Markstahler, S. (2004): Persönliches Wissensmanagement - ein Selbstführungs-konzept zur routinierteren Begegnung mit der Informationsflut. Ein Überblick.

Melville, Nigel (2010): Information Systems Innovation for Environmental Sustainability. In: *Management Information Systems Quarterly* 34 (1), S. 1–21. Online verfügbar unter https://aisel.aisnet.org/misq/vol34/iss1/3.

Mendoza-Fermin, Yamel (2016): Factors driving the implementation of green IT initiatives. An empirical investigation. Online verfügbar unter https://pdfs.semanticscholar.org/a623/42079c5284e99cfe80264d58de58e0ca62b3.pdf.

Mertins, K.; Seidel, H. (2009): Wissensmanagement im Mittelstand. Grundlagen - Lösungen - Praxisbeispiele: Springer. Online verfügbar unter https://books.google.de/books?id=pATAbqzVNRAC.

Mescheder, Bernhard; Sallach, Christian (Hg.) (2012): Wettbewerbsvorteile durch Wissen. Knowledge Management, CRM und Change Management verbinden. Berlin, Heidelberg: Springer Berlin Heidelberg.

Mette, Philipp (2012): Planung von Investitionen in Green Information Systems. In: *HMD Praxis der Wirtschaftsinformatik* 49 (3), S. 104–111. DOI: 10.1007/BF03340704.

Microsoft (2010): Joulemeter: Computational Energy Measurement and Optimization - Microsoft Research. Online verfügbar unter https://www.microsoft.com/en-us/research/project/joulemeter-computational-energy-measurement-and-optimization/, zuletzt aktualisiert am 16.05.2019, zuletzt geprüft am 16.05.2019.

mira-consulting.net (2019): Wissen kommunizieren und bewahren. Online verfügbar unter https://www.mira-consulting.net/wissenbewahren/, zuletzt geprüft am 18.05.2019.

Möller, Björn (2014): Nachhaltige IT-Prozessreferenzmodelle der IT-Governance und des Informationsmanagements -Dissertation. Online verfügbar unter https://depositonce.tu-berlin.de/bitstream/11303/4348/2/moeller_bjoern.pdf, zuletzt geprüft am 17.02.2019.

Morten T. Hansen; N. Nohria; Thomas Tierney (1999): What's Your Strategy for Managing Knowledge?

Muchna, C. (2018): Aspekte des Innovations- und Changemanagements. Ein Theorie-Praxis-Transfer: Springer Gabler. Online verfügbar unter https://books.google.de/books?id=7uiCDwAAQBAJ.

Müller, B.; Kasper, P.D.H. (2009): Parallelt. [Übers. des Autors]. Managing knowledge in formal social systems - the influence of "expectation structure" on knowledge retention from the perspective of social systems theory: Gabler Verlag. Online verfügbar unter https://books.google.de/books?id=PU_6URjl6T8C.

Müller-Prothmann, Tobias (2011): Wissen, Wissensgesellschaft und Wissensmanagement | Wissensnetzwerke. Hg. v. wissensnetzwerke.de. Online verfügbar unter http://www.wissensnetzwerke.de/wissensmanagement.htm, zuletzt geprüft am 09.03.2019.

Müller-Steinfahrt, U. (2006): Diffusion logistischen Wissens, Denkens und Verhaltens in Großunternehmen: Kölner Wissenschaftsverl. Online verfügbar unter https://books.google.de/books?id=08WR6kEXV4IC.

nachhaltiger-warenkorb.de (2019): Frage des Monats: E-Mail vs. Post | Der Nachhaltige Warenkorb. Online verfügbar unter https://www.nachhaltiger-warenkorb.de/klimabilanz-e-mail-vs-brief/, zuletzt geprüft am 09.05.2019.

Nedbal, Dietmar; Wetzlinger, Werner; Auinger, Andreas; Wagner, Gerold (2011): Sustainable IS Initialization Through Outsourcing. A Theory-Based Approach. In: *AMCIS*. Online verfügbar unter http://aisel.aisnet.org/amcis2011_submissions/255.

Nölker, Markus (2015): Green IT: Ökologie und Ökonomie miteinander verbinden. Hg. v. nacura.de. Online verfügbar unter https://www.nacura.de/green-it-oekologie-und-oekonomie-miteinander-verbinden/, zuletzt aktualisiert am 14.02.2019, zuletzt geprüft am 26.02.2019.

Nonaka, I.; Takeuchi, H.; Mader, F. (2012): Die Organisation des Wissens. Wie japanische Unternehmen eine brachliegende Ressource nutzbar machen: Campus Verlag. Online verfügbar unter https://books.google.de/books?id=vVDv4cW9hSgC.

North (1999): Wissensorientierte Unternehmensführung: Gabler Verlag.

North, K. (2016): Wissensorientierte Unternehmensführung. Wissensmanagement gestalten: Springer Fachmedien Wiesbaden. Online verfügbar unter https://books.google.de/books?id=AdG9CwAAQBAJ.

North, K.; Brandner, A.; Thomas Steininger, M. S. (2015): Wissensmanagement für Qualitätsmanager. Erfüllung der Anforderungen nach ISO 9001:2015: Springer Fachmedien Wiesbaden. Online verfügbar unter https://books.google.de/books?id=cQwpCwAAQBAJ.

North, K.; Reinhardt, K.; Sieber-Suter, B. (2018): Kompetenzmanagement in der Praxis. Mitarbeiterkompetenzen systematisch identifizieren, nutzen und entwickeln. Mit vielen Praxisbeispielen: Springer Fachmedien Wiesbaden. Online verfügbar unter https://books.google.de/books?id=bcRXDwAAQBAJ.

Nowak, A.; Leymann, F. (2014): Green Business Process Management. Methode und Realisierung: Universitätsbibliothek der Universität Stuttgart. Online verfügbar unter https://books.google.de/books?id=IEJfuwEACAAJ.

Nüttgens, Markus; Scheer, August-Wilhelm; Wolf, Thorsten; Decker, Stefan; Abecker, Andreas (Hg.) (1999): Unterstützung des Wissensmanagements durch Informations- und Kommunikationstechnologie. Electronic Business Engineering. Heidelberg: Physica-Verlag HD.

Ortwerth, Kerstin; Teuteberg, Frank (2012): Green IT/IS Forschung – Ein systematischer Literaturreview und Elemente einer Forschungsagenda. In: *MKWI 2012*. Online verfügbar unter https://pdfs.semanticscholar.org/9349/c3cfd80b60863fcb7b5007c1c42ef90e1bd8.pdf.

Paeger, Jürgen (2009): Nachhaltigkeitsmanagement. Online verfügbar unter http://www.paeger-consulting.de/html/nachhaltigkeitsmanagement.html, zuletzt aktualisiert am 20.06.2009, zuletzt geprüft am 01.02.2019.

Peffers, Ken; Rothenberger, Marcus; Kuechler, Bill; Vom Brocke, Jan; Seidel, Stefan (Hg.) (2012): Environmental Sustainability in Design Science Research: Direct and Indirect Effects of Design Artifacts. Design Science Research in Information Systems. Advances in Theory and Practice. Berlin, Heidelberg: Springer Berlin Heidelberg.

Pernici, Barbara; Aiello, Marco; Vom Brocke, Jan; Donnellan, Brian; Gelenbe, Erol; Kretsis, Mike (2012): What IS Can Do for Environmental Sustainability: A Report from CAiSE'11 Panel on Green and Sustainable IS. In: *Communications of the Association for Information Systems* 30 (1). DOI: 10.17705/1CAIS.03018.

Pohl, K. (2008): Requirements Engineering. Grundlagen, Prinzipien, Techniken: dpunkt-Verlag. Online verfügbar unter https://books.google.de/books?id=R0FxMwEACAAJ.

Polanyi, M. (1985): Implizites Wissen: Suhrkamp. Online verfügbar unter https://books.google.de/books?id=VKAUAAAACAAJ.

Prinz, Wolfgang (2014): Konzepte und Lösungen für das soziale Intranet. In: Christine Rogge (Hg.): Social Media im Unternehmen - Ruhm oder Ruin. Erfahrungslandkarte einer Expedition in die Social Media-Welt. Wiesbaden: Springer Vieweg, S. 1–17.

Probst, G.; Raub, S.; Romhardt, K. (2013): Wissen managen. Wie Unternehmen ihre wertvollste Ressource optimal nutzen: Gabler Verlag. Online verfügbar unter https://books.google.de/books?id=UCcR5RUY5owC.

Probst, G.J.B.; Romhardt, K. (1996): Bausteine des Wissensmanagements. Ein praxisorientierter Ansatz: HEC, Hautes études commerciales, Université de Genève, Faculté des SES. Online verfügbar unter https://books.google.de/books?id=0R5gGwAACAAJ.

Rehäuser, J.; Krcmar, H. (1996): Wissensmanagement im Unternehmen: Lehrstuhl für Wirtschaftsinformatik, Univ. Hohenheim. Online verfügbar unter https://books.google.de/books?id=yVNMtwAACAAJ.

Reinmann, Gabi; Mandl, Heinz (1997): (PDF) Wissensmanagement:eine Antwort auf Informationsflut und Wissensexplosion. Online verfügbar unter https://www.researchgate.net/publication/301694058_Wissensmanagementeine_Antwort_auf_Informationsflut_und_Wissensexplosion, zuletzt aktualisiert am 12.11.2017, zuletzt geprüft am 07.05.2019.

Reisinger, N. (2014): Green-IT-Strategien für den Mittelstand. Nachhaltige Lösungen in der IT und durch IT-Unterstützung: Diplomica Verlag. Online verfügbar unter https://books.google.de/books?id=XXzaAgAAQBAJ.

Reiter, M. (2017): Referenzmodell eines ökologisch adaptierten IT-Service-Managements. Anforderungsanalyse, Konzeption und Evaluation: Logos Verlag Berlin. Online verfügbar unter https://books.google.de/books?id=1bpDDwAAQBAJ.

Riempp, G. (2012): Integrierte Wissensmanagement-Systeme. Architektur und praktische Anwendung: Springer Berlin Heidelberg. Online verfügbar unter https://books.google.de/books?id=AFj6BQAAQBAJ.

Romhardt, K. (1998): Die Organisation aus der Wissensperspektive. Möglichkeiten und Grenzen der Intervention: Gabler Verlag. Online verfügbar unter https://books.google.de/books?id=gDSUAAAACAAJ.

Roumois, U. H. (2010): Studienbuch Wissensmanagement. Grundlagen der Wissensarbeit in Wirtschafts-, Non-Profit- und Public-Organisationen: Orell Füssli. Online verfügbar unter https://books.google.de/books?id=I-rOG0ChXXU0C.

Rüstmann, M. (1999): Strategisches Wissensmanagement beim Stellenwechsel.

Rüter, A.; Schröder, J.; Göldner, A. et al. (2010): IT-Governance in der Praxis. Erfolgreiche Positionierung der IT im Unternehmen. Anleitung zur erfolgreichen Umsetzung regulatorischer und wettbewerbsbedingter Anforderungen: Springer Berlin Heidelberg. Online verfügbar unter https://books.google.de/books?id=eJHF6YCx2awC.

Sauter, W.; Scholz, C. (2015): Kompetenzorientiertes Wissensmanagement. Gesteigerte Performance mit dem Erfahrungswissen aller Mitarbeiter. Wiesbaden: Springer Gabler (Essentials).

Scheer, A. W. (2013): ARIS — Vom Geschäftsprozeß zum Anwendungssystem: Springer Berlin Heidelberg. Online verfügbar unter https://books.google.de/books?id=e6TwBgAAQBAJ.

Schmidt, Nils-Holger; Zarnekow, Rüdiger; Kolbe, Lutz; Erek, Koray (2009): Nachhaltiges Informationsmanagement - Strategische Optionen und Vorgehensmodell zur Umsetzung. In: *undefined*. Online verfügbar unter https://pdfs.semanticscholar.org/5cf6/ef160f6d53a97bfb381fb2ee7543f750e900.pdf.

Scholz, Christian (2009): Glossar: Wissensmanagement-System. Hg. v. personalmanagement.info. Online verfügbar unter https://www.personalmanagement.info/hr-know-how/glossar/detail/wissensmanagement-system/, zuletzt geprüft am 29.03.2019.

Schorcht, H.; Nissen, V.; Stelzer, D. (2014): Ein Beitrag der Informationstechnik zur strategischen Wissensplanung. Konzeption einer IT-Architektur und deren prototypische Realisierung. Ilmenau, Ilmenau: Univ.-Verl. Ilmenau; Univ.-Bibliothek (Ilmenauer Schriften zu Wirtschaftsinformatik, 1).

Schreyögg, Georg; Geiger, Daniel (2003): Wenn alles Wissen ist, ist Wissen am Ende nichts?! : Vorschläge zur Neuorientierung des Wissensmanagements. In: *Die Betriebswirtschaft : DBW* 63 (1). Online verfügbar unter http://www.gbi.de/cgi-bin/volltext?DBW_010301001_0&GW=zbw.

Schulze-Kopp, Andreas (2018): Was ist eigentlich ein Social Intranet? | Seite 2 | t3n – digital pioneers. Hg. v. t3n.de. Online verfügbar unter https://t3n.de/news/eigentlich-social-intranet-504975/2/, zuletzt aktualisiert am 10.11.2013, zuletzt geprüft am 17.05.2019.

Seidel, S.; Recker, J. C.; Pimmer, C. et al. (2010): 16th Americas conference on information systems 2010. AMCIS 2010. Red Hook: Curran.

Seidel, Stefan; Recker, Jan; Vom Brocke, Jan (2013): Sensemaking and Sustainable Practicing. Functional Affordances of Information Systems in Green Transformations. In: *MIS Quarterly* 37 (4), S. 1275–1299. DOI: 10.25300/MISQ/2013/37.4.13.

Seifried, P.; Eppler, M. J. (2000): Evaluation führender Knowledge-Management-Suites. Wissensplattformen im Vergleich ; Benchmarking-Studie. St. Gallen: NetAcad. Press.

Serban, Andreea M.; Luan, Jing (2002): Overview of Knowledge Management. In: *New Directions for Institutional Research* 2002 (113), S. 5–16. DOI: 10.1002/ir.34.

Springer Fachmedien Wiesbaden (2016): „Social Intranet ist wie Gespräche an der Kaffeemaschine". In: *Wirtschaftsinformatik & Management* 8 (4), S. 64–69. DOI: 10.1007/s35764-016-0041-7.

Staehle, W. H.; Conrad, P. (1999): Management. Eine verhaltenswissenschaftliche Perspektive: Vahlen. Online verfügbar unter https://books.google.de/books?id=wjIaAAAACAAJ.

STEIGER, CHRISTOPH (2000): WISSENSMANAGEMENT IN BERATUNGSPRO-
JEKTEN AUF BASIS INNOVATIVER INFORMATIONS- UND KOMMUNIKATI-
ONSTECHNOLOGIEN: DAS SYSTEM K3. Konzeption, Entwicklung und Implementierung eines Wissensmanagementsystems für Beratungsunter-
nehmen sowie empirische Einsatzerfahrungen im Inhouse Consulting der
BMW AG. Online verfügbar unter http://webdoc.sub.gwdg.de/e-
book/ah/2002/steiger/dissteig.pdf, zuletzt geprüft am 08.05.2019.

Tauber, Andre (2013): Deutsche Firmen entdecken Alternative zur E-Mail. Hg. v.
www.welt.de. Online verfügbar unter https://www.welt.de/wirt-
schaft/webwelt/article112426342/Deutsche-Firmen-entdecken-Alterna-
tive-zur-E-Mail.html, zuletzt geprüft am 09.05.2019.

tecmint.com (2015): How to Setup Postfix Mail Server (SMTP) using null-client
Configuration - Part 9. Online verfügbar unter
https://www.tecmint.com/setup-postfix-mail-server-smtp-using-null-cli-
ent-on-centos/, zuletzt aktualisiert am 18.05.2019, zuletzt geprüft am
18.05.2019.

Teubner, R. A. (2013): Organisations- und Informationssystemgestaltung. Theoretische Grundlagen und integrierte Methoden: Deutscher Universitätsverlag. Online verfügbar unter https://books.google.de/books?id=PcrvB-
gAAQBAJ.

Teuteberg, Frank (2019): Wissensportal. Hg. v. enzyklopaedie-der-wirt-
schaftsinformatik. Online verfügbar unter http://www.enzyklopaedie-
der-wirtschaftsinformatik.de/wi-enzyklopaedie/lexikon/daten-wis-
sen/Wissensmanagement/Wissensorganisation--Instrumente-der-/Wis-
sensportal.

The Climate Group (2008): The Climate Group: Smart 2020: Enabling the Low
Carbon Economy in the Information Age. Online verfügbar unter
https://www.theclimategroup.org/sites/default/files/archive/fi-
les/Smart2020Report.pdf, zuletzt geprüft am 11.05.2019.

Thiel, M. (2013): Wissenstransfer in komplexen Organisationen. Effizienz
durch Wiederverwendung von Wissen und Best Practices: Deutscher Universitätsverlag. Online verfügbar unter
https://books.google.de/books?id=-RogBgAAQBAJ.

Thom, N.; Badet, J. P. (2005): Wissensmanagement im privaten und öffentlichen Sektor. Was können beide Sektoren voneinander lernen?: vdf, Hochsch.-Verlag an der ETH. Online verfügbar unter https://books.google.de/books?id=Ll24qvM0tBsC.

Thommen, Jean-Paul (2018): Definition: Effektivität. Hg. v. wirtschaftslexikon.gabler.de. Online verfügbar unter https://wirtschaftslexikon.gabler.de/definition/effektivitaet-33138/version-256665, zuletzt geprüft am 09.04.2019.

Tremmel, Kathrin (2012): Trias der Nachhaltigkeit: was haben Unternehmen vom Engagement? | MediaMundo Blog. Hg. v. MediaMundo Blog. Online verfügbar unter http://blog.mediamundo.biz/trias-der-nachhaltigkeit-was-haben-unternehmen-vom-engagement/, zuletzt geprüft am 03.02.2019.

Vitali, Monica; Pernici, Barbara (2014): A Survey on Energy Efficiency in Information Systems. In: *undefined*. Online verfügbar unter https://pdfs.semanticscholar.org/eb74/51542dff70b485e58304c68a901b8afdb96a.pdf.

Völker, R.; Sauer, S.; Simon, M. (2007): Wissensmanagement im Innovationsprozess: Physica-Verlag HD. Online verfügbar unter https://books.google.de/books?id=kFkiBAAAQBAJ.

Vom Brocke, Jan; Loos, Peter; Seidel, Stefan; Watson, Richard T. (2013): Green IS. In: *WIRTSCHAFTSINFORMATIK* 55 (5), S. 295–297. DOI: 10.1007/s11576-013-0382-2.

Vom Brocke, Jan; Recker, Jan; Seidel, Stefan (2018): Green Information Systems — Enzyklopaedie der Wirtschaftsinformatik. Hg. v. researchgate.net. Online verfügbar unter https://www.researchgate.net/publication/322291174_Green_Information_Systems_-_Enzyklopaedie_der_Wirtschaftsinformatik, zuletzt aktualisiert am 08.01.2018, zuletzt geprüft am 26.02.2019.

Wais, A. (2006): Wissensmanagement zur Unterstützung von Baustellen in Bauvertragsfragen. Entwicklung eines prozessorientierten Ansatzes auf Basis der Ergebnisse und Schlussfolgerungen einer empirischen Studie bei Großprojekten im Hoch- und Tiefbau: na. Online verfügbar unter https://books.google.de/books?id=ikMHba6G390C.

Watson; Boudreau; Chen (2010): Information Systems and Environmentally Sustainable Development. Energy Informatics and New Directions for the IS Community. In: *MIS Quarterly* 34 (1), S. 23. DOI: 10.2307/20721413.

Watson.ch (2015): 4 Gramm CO_2: Jedes Mail, das du verschickst, wärmt die Erde auf. Online verfügbar unter https://www.watson.ch/digital/wissen/852678578-4-gramm-co-jedes-mail-das-du-verschickst-waermt-die-erde-auf.

Weingarten, Rüdiger (Hg.) (1990): Information ohne Kommunikation. Die Loslösung der Sprache vom Sprecher. Frankfurt am Main: Fischer Taschenbuch.

Wesseler, Berthold (2015): „Social Intranet" wird quicklebendig. Hg. v. it-zoom.de. Online verfügbar unter https://www.it-zoom.de/dv-dialog/e/social-intranet-wird-quicklebendig-11827/, zuletzt geprüft am 17.05.2019.

Wiegand, M. (2013): Prozesse Organisationalen Lernens: Gabler Verlag. Online verfügbar unter https://books.google.de/books?id=b9eGBwAAQBAJ.

wiki.induux.de (2016): Ressourceneffizienz: Optimierung, Materialeinsatz. Online verfügbar unter https://wiki.induux.de/Ressourceneffizienz, zuletzt geprüft am 13.05.2019.

Wissenserwerb. Online verfügbar unter http://qib.f-bb.de/wissensmanagement/wie/wissenserwerb/wissenserwerb.rsys, zuletzt geprüft am 17.03.2019.

Wissensmanagement das Magazin für Digitalisierung (2010): WIEDERSEHEN MACHT FREUDE: AUF DER SUCHE NACH VORHANDENEM WISSEN. Hg. v. Wissensmanagement das Magazin für Digitalisierung und Vernetzung Collaboration. Online verfügbar unter https://www.wissensmanagement.net/zeitschrift/archiv/archiv/heft/2/2010/titelthema/wiedersehen_macht_freudeauf_der_suche_nach_vorhandenem_wissen.html, zuletzt geprüft am 07.05.2019.

Wunderlich, Philipp; Kranz, Johann; Totzek, Dirk; Veit, Daniel; Picot, Arnold (2013): The Impact of Endogenous Motivations on Adoption of IT-Enabled Services. In: *Journal of Service Research* 16 (3), S. 356–371. DOI: 10.1177/1094670512474841.

Zack, Michael H. (1999): Developing a Knowledge Strategy. In: *California Management Review* 41 (3), S. 125–145. DOI: 10.2307/41166000.

Zarnekow, R. (2011): Referenzmodell für ein nachhaltiges Informationsmanagement. Ganzheitliche Implementierung eines Nachhaltigkeitsmanagements in IT-Organisationen: Univ.-Verlag der TU. Online verfügbar unter https://books.google.de/books?id=eWvWhusFwREC.

Zarnekow, R.; Brenner, W.; Pilgram, U. (2006): Integriertes Informationsmanagement. Strategien und Lösungen für das Management von IT-Dienstleistungen: Springer Berlin Heidelberg. Online verfügbar unter https://books.google.de/books?id=3u4mBAAAQBAJ.

Datenübermittlung: Definition, Begriff und Erklärung im JuraForum.de. Online verfügbar unter https://www.juraforum.de/lexikon/datenuebermittlung, zuletzt geprüft am 28.04.2019.